JN014298

選抜！中国語単語

常用フレーズ編

相原茂
林屋啓子
編著

朝日出版社

音声ダウンロード

音声再生アプリ「リスニング・トレーナー」(無料)

朝日出版社開発のアプリ、「リスニング・トレーナー(リストレ)」を使えば、本書の音声をスマホ、タブレットに簡単にダウンロードできます。どうぞご活用ください。

まずは「リストレ」アプリをダウンロード

› App Storeはこちら

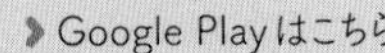
› Google Playはこちら

アプリ【リスニング・トレーナー】の使い方

❶ アプリを開き、「**コンテンツを追加**」をタップ

❷ QRコードをカメラで読み込む

❸ QRコードが読み取れない場合は、画面上部に **01262** を入力し「Done」をタップします

QRコードは㈱デンソーウェーブの登録商標です

まえがき

中国語には「さまよえる中級者」がいる。

学び始めてもう数年になる。だから入門者ではないし，初級者でもない。しかし胸を張って上級者とも言えない。

文法はあらかた知っている。発音もまあまあだ。しかしなかなか中級のレベルから脱出できない。なぜだろう。

「さまよえる中級者」を卒業するにはどうするか。その答えの一つは語彙力をつけることだ。

語彙的な言語と言われる中国語。ともかく語彙が豊富だ。しかし，やみくもに単語を一つ一つ覚えても，実は無駄が多い。語には相性というのがある。組み合わせ，つまりは「コロケーション」である。

「風邪」は「引く」だが，「インフルエンザ」となると「かかる」だし，「肺炎」なら「なる」だ。「ウイルス」には「感染する」と変化する。

「テレビを消す」と言う。「黒板」も「消す」だ。魔術師でもあるまいし「消す」とは不思議だが，われわれは確かにこう言う。

このように日本語には日本語独特の言い回しがあり，中国語にも中国語らしい決まった組み合わせがある。

外国語を学ぶにはこのような語と語の組み合わせ，コロケーションが大事だ。中国語では**“搭配” dāpèi** と言い，これらを扱った専門的な辞書が数多く出版されている。さらに驚くべきことには，小学生用の《小学生搭配词典》が何冊も出されている。中国語において，個々の単語を知るだけではなく，その語をどう他の語と結びつけるか，それが会話や作文において，いかに重要視されているかがわかる。

どの言語にもある，このような組み合わせフレーズは，理屈抜きでともかく覚えるしかない。本書は日常生活でよく使う，このような中国語のコロケーションを集め，単語帳とした。

本書の前身は『亜鈴式で鍛える　中国語コロケーション999』である。発売以来好評を以て迎えられたが，今時，完売を機に，大幅な改訂増補を行うこととした。

全体を基礎編と本編に分け，基礎編では，まず初級者にも心得て欲しい120の表現を挙げた。これによってスムーズな本編への導入をめざした。

本書の全体を通じ，単に組み合わせフレーズを提示するだけでなく，穴埋めクイズ形式をとることで，まずは「頭を働かせ，答えを考える」方式を，前著同様踏襲した。これによって，確実に記憶に残るしかけを設定した。

本書は引いて調べるというよりは，覚えて頂くことを主眼としている。辞書というよりは記憶するための単語帳をめざした。

項目数は999から1030と増やし，語注のコロケーションも含めると，1120の組み合わせフレーズが習得できる。また，前著の発行から6年が経過したことを考慮し，最近よく使われるようになった語彙なども新しく取り入れている。さらに目休めとして，イラスト付の「曼荼羅単語帳」を組み込んだ。疲れた頭を癒して頂ければ幸いである。

ささやかな単語帳だが，組み合わせであることを考えると語彙数は倍の2000を優に超える。しかもこれらは有機的にがっちり手を組んだ，活きた組み合わせである。必ずや皆さんの中国語学習を大きく飛躍させる契機になると信じている。

編著者

Contents
目次

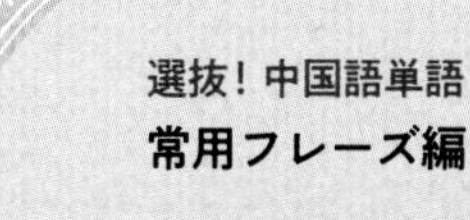
選抜！中国語単語
常用フレーズ編

基礎編

基礎編の使い方

❶ 日本語を中国語に訳します。いずれもよく使われるコロケーション表現です。

❷ ヒントとして，答えがピンイン表記で示されています。

❸ それでも分からないときには，一部空白の漢字表記が用意されています。

❹ 空白に入る漢字を思いつけば，それが正解かどうかを確かめます。

❺ 答えは次のページに載っています。

❻ すぐには答えを見ずに，数秒間考えるようにしてください。

❼ 先頭についている数字は通し番号で，**001** から **120** まであります。基礎編はピンイン順に並んでいます。

❽ その下の□□□はチェック欄です。正解できたものをチェックするも良し，出来なかったものをチェックするようにしても良いでしょう。

❾ ピンインの間に // が入っているものは，単語でありながら間に他の要素が介在できる「離合詞」です。本書ではこれらも一種の「組み合わせ」として扱っています。

❿ 最後のページからスタートすれば，中国語を見て日本語訳を答える練習もできます。

⓫ 基礎編では 6 ページ毎に 2 ページ分のイラスト付「曼荼羅単語帳」を載せています。計 8 枚，学習の合間の目休めにどうぞ。

🔊 1

001 □□□	引っ越しをする bān//jiā	▶……家
002 □□□	パスポートを取る bàn hùzhào	▶……护照
003 □□□	手続きをする bàn shǒuxù	▶……手续
004 □□□	孫ができる bào sūnzi	▶……孙子
005 □□□	本文を暗記する bèi kèwén	▶……课文
006 □□□	黒板を消す cā hēibǎn	▶……黑板
007 □□□	なぞなぞを当てる cāi míyǔ	▶……谜语
008 □□□	辞書を引く chá cídiǎn	▶……词典
009 □□□	外食する chī shítáng	▶……食堂
010 □□□	アメをなめる chī táng	▶……糖

001 □□□
搬家
bān//jiā

002 □□□
办 护照
bàn hùzhào
「ビザを取る」は“办签证”bàn qiānzhèng

003 □□□
办 手续
bàn shǒuxù

004 □□□
抱 孙子
bào sūnzi

005 □□□
背 课文
bèi kèwén

006 □□□
擦 黑板
cā hēibǎn

007 □□□
猜 谜语
cāi míyǔ

008 □□□
查 词典
chá cídiǎn

009 □□□
吃 食堂
chī shítáng

010 □□□
吃 糖
chī táng

011 □□□	薬を飲む chī yào	▶ ……药
012 □□□	タバコを吸う chōu yān	▶ ……烟
013 □□□	事故が起こる chū//shì	▶ ……事
014 □□□	退院する chū//yuàn	▶ ……院
015 □□□	ズボンをはく chuān kùzi	▶ ……裤子
016 □□□	大通りを横切る chuān mǎlù	▶ ……马路
017 □□□	靴下をはく chuān wàzi	▶ ……袜子
018 □□□	預金をする cún qián	▶ ……钱
019 □□□	荷物を預ける cún xíngli	▶ ……行李
020 □□□	タクシーに乗る dǎ//dī	▶ ……的

011 □□□
吃 药
chī yào

012 □□□
抽 烟
chōu yān

013 □□□
出事
chū//shì

014 □□□
出院
chū//yuàn

015 □□□
穿 裤子
chuān kùzi

016 □□□
穿 马路
chuān mǎlù

017 □□□
穿 袜子
chuān wàzi

018 □□□
存 钱
cún qián

"存款" cún//kuǎn とも

019 □□□
存 行李
cún xíngli

020 □□□
打的
dǎ//dī

🔊3

No.	日本語 / ピンイン	中国語
021 □□□	電話をかける dǎ diànhuà	▶ ……… 电话
022 □□□	けんかをする dǎ//jià	▶ ………架
023 □□□	トランプをする dǎ pūkè	▶ ……… 扑克
024 □□□	傘をさす dǎ sǎn	▶ ……… 伞
025 □□□	挨拶をする dǎ zhāohu	▶ ……… 招呼
026 □□□	大学を卒業する dàxué bìyè	▶ 大学 ………
027 □□□	帽子をかぶる dài màozi	▶ ……… 帽子
028 □□□	眼鏡をかける dài yǎnjìng	▶ ……… 眼镜
029 □□□	お茶をつぐ dào chá	▶ ……… 茶
030 □□□	ごみを捨てる dào lājī	▶ ……… 垃圾

021 □□□

打 电话

dǎ diànhuà

022 □□□

打架

dǎ//jià

023 □□□

打 扑克

dǎ pūkè

024 □□□

打 伞

dǎ sǎn

025 □□□

打 招呼

dǎ zhāohu

026 □□□

大学 毕业

dàxué bìyè

027 □□□

戴 帽子

dài màozi

「レッテルを貼る」の意味もある

028 □□□

戴 眼镜

dài yǎnjìng

029 □□□

倒 茶

dào chá

"沏茶" qī chá とも

030 □□□

倒 垃圾

dào lājī

✣8つの動詞 —— 基本動詞シリーズ (1)

4

去 qù
买 mǎi
卖 mài
来 lái
8つの動詞
听 tīng
下 xià
上 shàng
看 kàn

曼荼羅単語帳 ①

✤ くちの動詞 —— 基本動詞シリーズ(2)

🔊5

咬 yǎo
哭 kū
笑 xiào
舔 tiǎn
くちの
動詞
唱 chàng
喝 hē
吃 chī
说 shuō

曼荼羅単語帳 ②

031 □□□ 料理を注文する ▶ ……菜
diǎn cài

032 □□□ 火をつける ▶ ……火
diǎn//huǒ

033 □□□ うなずく ▶ ……头儿
diǎn//tóur

034 □□□ 契約を結ぶ ▶ ……合同
dìng hétong

035 □□□ チケットを予約する ▶ ……票
dìng piào

036 □□□ 礼儀をわきまえる ▶ ……礼貌
dǒng lǐmào

037 □□□ 頭を使う ▶ ……脑筋
dòng nǎojīn

038 □□□ 雪だるまを作る ▶ ……雪人
duī xuěrén

039 □□□ ファックスを送る ▶ ……传真
fā chuánzhēn

040 □□□ 給料を払う ▶ ……工资
fā gōngzī

031 □□□
点 菜
diǎn cài

032 □□□
点火
diǎn//huǒ

033 □□□
点头儿
diǎn//tóur

034 □□□
订 合同
dìng hétong　“签合同”qiān hétong とも

035 □□□
订 票
dìng piào　「席を予約する」は“订座”dìng zuò

036 □□□
懂 礼貌
dǒng lǐmào　「礼儀正しい」は“有礼貌”yǒu lǐmào

037 □□□
动 脑筋
dòng nǎojīn　“用脑子”yòng nǎozi とも

038 □□□
堆 雪人
duī xuěrén

039 □□□
发 传真
fā chuánzhēn

040 □□□
发 工资
fā gōngzī

041 □□□	かんしゃくを起こす fā píqi	▶……脾气
042 □□□	夏休みになる fàng shǔjià	▶……暑假
043 □□□	(紅茶などに)砂糖を入れる fàng táng	▶……糖
044 □□□	学校がひける fàng//xué	▶……学
045 □□□	家を建てる gài fángzi	▶……房子
046 □□□	はんこを押す gài túzhāng	▶……图章
047 □□□	背が低い gèzi ǎi	▶个子……
048 □□□	風が吹く guā fēng	▶……风
049 □□□	テレビを消す guān diànshì	▶……电视
050 □□□	携帯電話を切る guān shǒujī	▶……手机

041 □□□
发 脾气
fā píqi

042 □□□
放 暑假
fàng shǔjià

043 □□□
放 糖
fàng táng

044 □□□
放学
fàng//xué

045 □□□
盖 房子
gài fángzi

046 □□□
盖 图章
gài túzhāng

047 □□□
个子 矮
gèzi ǎi

048 □□□
刮 风
guā fēng

049 □□□
关 电视
guān diànshì

050 □□□
关 手机
guān shǒujī

051 □□□	店をぶらつく guàng shāngdiàn	▸ ……商店
052 □□□	誕生日を祝う guò shēngrì	▸ ……生日
053 □□□	地図を描く huà dìtú	▸ ……地图
054 □□□	乗り換えをする huàn//chē	▸ ……车
055 □□□	両替をする huàn//qián	▸ ……钱
056 □□□	ノートをとる jì bǐjì	▸ ……笔记
057 □□□	手紙を出す jì xìn	▸ ……信
058 □□□	友達になる jiāo péngyou	▸ ……朋友
059 □□□	電話に出る jiē diànhuà	▸ ……电话
060 □□□	車を運転する kāi//chē	▸ ……车

051 □□□ 逛 商店
guàng shāngdiàn

052 □□□ 过 生日
guò shēngrì

053 □□□ 画 地图
huà dìtú

054 □□□ 换车
huàn//chē　口語で“倒车” dǎo//chē とも

055 □□□ 换钱
huàn//qián

056 □□□ 记 笔记
jì bǐjì

057 □□□ 寄 信
jì xìn

058 □□□ 交 朋友
jiāo péngyou

059 □□□ 接 电话
jiē diànhuà

060 □□□ 开车
kāi//chē

✤ あしの動詞 —— 基本動詞シリーズ (3)　🔊9

跳 tiào
逛 guàng
站 zhàn
踢 tī
あしの
動詞
骑 qí
跑 pǎo
走 zǒu
踩 cǎi

曼荼羅単語帳 ③

✣ての動詞 ① —— 基本動詞シリーズ (4)

🔊10

摸 mō
拉 lā
推 tuī
抓 zhuā
ての
動詞 ①
拖 tuō
提 tí
拿 ná
拍 pāi

曼荼羅単語帳 ④

061 □□□ テレビをつける ▸ ____ 电视
kāi diànshì

062 □□□ 冗談を言う ▸ ____ 玩笑
kāi wánxiào

063 □□□ 大学を受験する ▸ ____ 大学
kǎo dàxué

064 □□□ いつもの場所 ▸ ____ 地方
lǎo dìfang

065 □□□ おしゃべりをする ▸ ____天儿
liáo//tiānr

066 □□□ 宿題を出す ▸ ____ 作业
liú zuòyè

067 □□□ 山に登る ▸ ____ 山
pá shān

068 □□□ 列を作る ▸ ____队
pái//duì

069 □□□ 眼鏡を作る ▸ ____ 眼镜
pèi yǎnjìng

070 □□□ 合鍵を作る ▸ ____ 钥匙
pèi yàoshi

061 □□□ **开 电视**
kāi diànshì

062 □□□ **开 玩笑**
kāi wánxiào

063 □□□ **考 大学**
kǎo dàxué

064 □□□ **老 地方**
lǎo dìfang

「いつもの方法」は“老办法” lǎo bànfǎ

065 □□□ **聊天儿**
liáo//tiānr

066 □□□ **留 作业**
liú zuòyè

067 □□□ **爬 山**
pá shān

068 □□□ **排队**
pái//duì

069 □□□ **配 眼镜**
pèi yǎnjìng

070 □□□ **配 钥匙**
pèi yàoshi

071 □□□	自転車(バイク)に乗る qí chē	▶ ……车
072 □□□	ドアをノックする qiāo mén	▶ ……门
073 □□□	客を招待する／ごちそうする qǐng//kè	▶ ……客
074 □□□	医者を呼ぶ qǐng yīshēng	▶ ……医生
075 □□□	嘘をつく sā//huǎng	▶ ……谎
076 □□□	日なたぼっこをする shài tàiyáng	▶ ……太阳
077 □□□	頭を痛める／悩む shāng nǎojīn	▶ ……脑筋
078 □□□	トイレに行く shàng cèsuǒ	▶ ……厕所
079 □□□	街へ行く shàng jiē	▶ ……街
080 □□□	授業に出る／授業をする shàng//kè	▶ ……课

071 □□□ 骑 车
qí chē

072 □□□ 敲 门
qiāo mén

073 □□□ 请客
qǐng//kè

074 □□□ 请 医生
qǐng yīshēng

"请大夫"qǐng dàifu とも

075 □□□ 撒谎
sā//huǎng

"说假话"shuō jiǎhuà とも

076 □□□ 晒 太阳
shài tàiyáng

077 □□□ 伤 脑筋
shāng nǎojīn

078 □□□ 上 厕所
shàng cèsuǒ

079 □□□ 上 街
shàng jiē

080 □□□ 上课
shàng//kè

番号	日本語 / ピンイン	中国語
081 □□□	目覚ましをかける shàng nàozhōng	▶ ……闹钟
082 □□□	ネットに接続する shàng//wǎng	▶ ……网
083 □□□	病気になる shēng//bìng	▶ ……病
084 □□□	午年生まれである shǔ mǎ	▶ ……马
085 □□□	カードで支払う shuā//kǎ	▶ ……卡
086 □□□	歯を磨く shuā yá	▶ ……牙
087 □□□	子供をしかる shuō háizi	▶ ……孩子
088 □□□	プレゼントを贈る sòng lǐwù	▶ ……礼物
089 □□□	ドアに鍵をかける suǒ mén	▶ ……门
090 □□□	恋愛をする tán liàn'ài	▶ ……恋爱

081 □□□

上 闹钟

shàng nàozhōng

082 □□□

上网

shàng//wǎng

083 □□□

生病

shēng//bìng

“得病”dé//bìng とも

084 □□□

属 马

shǔ mǎ

085 □□□

刷卡

shuā//kǎ

086 □□□

刷 牙

shuā yá

087 □□□

说 孩子

shuō háizi

088 □□□

送 礼物

sòng lǐwù

089 □□□

锁 门

suǒ mén

090 □□□

谈 恋爱

tán liàn'ài

✤からだの動詞 —— 基本動詞シリーズ (5)

14

滚 gǔn
躺 tǎng
背 bēi
爬 pá
からだの
動詞
游 yóu
坐 zuò
睡 shuì
歇 xiē

曼荼羅単語帳 ⑤

✣ての動詞 ② —— 基本動詞シリーズ (6)

🔊 15

写 xiě
敲 qiāo
捏 niē
ての
動詞 ②
画 huà
摘 zhāi
扔 rēng
切 qiē
拔 bá

曼荼羅単語帳 ⑥

091 □□□	ピアノを弾く tán gāngqín	▶ ……… 钢琴
092 □□□	パーマをかける tàng tóufa	▶ ……… 头发
093 □□□	サッカーをする tī zúqiú	▶ ……… 足球
094 □□□	意見を言う tí yìjian	▶ ……… 意见
095 □□□	面倒をかける tiān máfan	▶ ……… 麻烦
096 □□□	空欄を埋める tián//kòngr	▶ ………空儿
097 □□□	授業を受ける tīng//kè	▶ ………课
098 □□□	チェックアウトをする tuì fáng	▶ ……… 房
099 □□□	質問する wèn wèntí	▶ ……… 问题
100 □□□	風呂に入る xǐ//zǎo	▶ ………澡

091 □□□
弹 钢琴
tán gāngqín 「ギターを弾く」は“弹吉他”tán jíta

092 □□□
烫 头发
tàng tóufa

093 □□□
踢 足球
tī zúqiú

094 □□□
提 意见
tí yìjian

095 □□□
添 麻烦
tiān máfan

096 □□□
填空儿
tián//kòngr

097 □□□
听课
tīng//kè

098 □□□
退 房
tuì fáng

099 □□□
问 问题
wèn wèntí

100 □□□
洗澡
xǐ//zǎo “泡澡”pào//zǎo とも

101 □□□	決心する xià juéxīn	▸ ＿＿ 决心
102 □□□	授業が終わる xià//kè	▸ ＿＿ 课
103 □□□	階下へ降りる xià lóu	▸ ＿＿ 楼
104 □□□	将棋を指す xià xiàngqí	▸ ＿＿ 象棋
105 □□□	鉛筆を削る xiāo qiānbǐ	▸ ＿＿ 铅笔
106 □□□	宿題をする xiě zuòyè	▸ ＿＿ 作业
107 □□□	ペットを飼う yǎng chǒngwù	▸ ＿＿ 宠物
108 □□□	雨が止んだ yǔ tíng le	▸ 雨 ＿＿ ＿＿
109 □□□	眼鏡を外す zhāi yǎnjìng	▸ ＿＿ 眼镜
110 □□□	お釣りを出す zhǎo//qián	▸ ＿＿ 钱

101 □□□
下 决心
xià juéxīn

102 □□□
下课
xià//kè

103 □□□
下 楼
xià lóu

104 □□□
下 象棋
xià xiàngqí

「碁を打つ」は“下围棋”xià wéiqí

105 □□□
削 铅笔
xiāo qiānbǐ

106 □□□
写 作业
xiě zuòyè

107 □□□
养 宠物
yǎng chǒngwù

108 □□□
雨 停 了
yǔ tíng le

109 □□□
摘 眼镜
zhāi yǎnjìng

110 □□□
找钱
zhǎo//qián

111 □□□ 鏡を見る ▶ ____ 镜子
zhào jìngzi

112 □□□ 写真を撮る ▶ ____ 相
zhào//xiàng

113 □□□ 野菜を作る ▶ ____ 菜
zhòng cài

114 □□□ ホテルに泊まる ▶ ____ 饭店
zhù fàndiàn

115 □□□ 入院する ▶ ____ 院
zhù//yuàn

116 □□□ 部屋を借りる ▶ ____ 房子
zū fángzi

117 □□□ 自動車やバスなどに乗る ▶ ____ 车
zuò chē

118 □□□ 飛行機に乗る ▶ ____ 飞机
zuò fēijī

119 □□□ 客となる ▶ ____ 客
zuò//kè

120 □□□ 夢を見る ▶ ____ 梦
zuò//mèng

111 □□□
照 镜子
zhào jìngzi

112 □□□
照相
zhào//xiàng

113 □□□
种 菜
zhòng cài

114 □□□
住 饭店
zhù fàndiàn

115 □□□
住院
zhù//yuàn

116 □□□
租 房子
zū fángzi

117 □□□
坐 车
zuò chē

118 □□□
坐 飞机
zuò fēijī

119 □□□
做客
zuò//kè

120 □□□
做梦
zuò//mèng

✤たす・ひく動詞 —— 基本動詞シリーズ(7)　🔊19

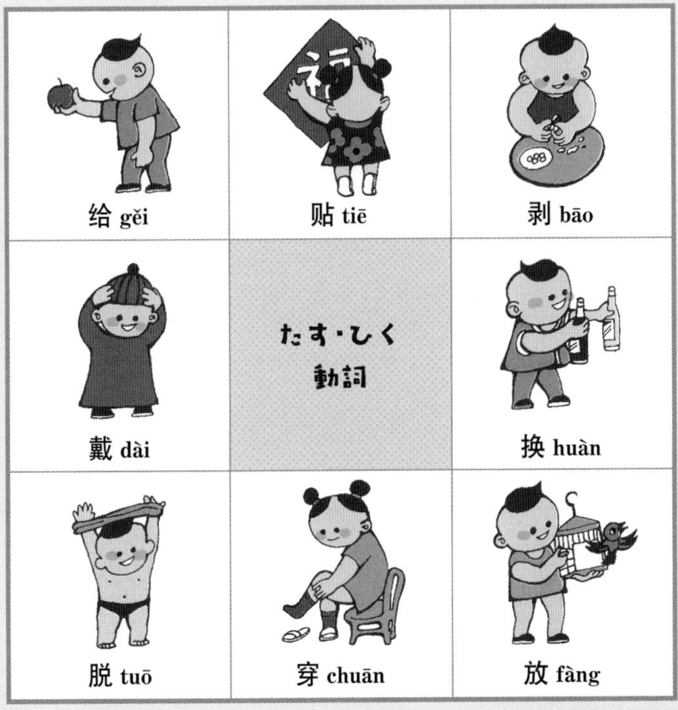

给 gěi
贴 tiē
剥 bāo
戴 dài
たす・ひく
動詞
换 huàn
脱 tuō
穿 chuān
放 fàng

曼荼羅単語帳 ⑦

✤ての動詞 ③ —— 基本動詞シリーズ (8)

🔊20

挂 guà
捞 lāo
搭 dā
抱 bào
ての
動詞 ③
扣 kòu
摁 èn
打 dǎ
捂 wǔ

曼荼羅単語帳 ⑧

選抜！中国語単語
常用フレーズ編

本編

本編の使い方

❶ 本編の使い方は, 概ね基礎編と同じく,「日本語の中国語訳」です。

❷ ピンインもヒントにしながら, 数秒の間, 頭を働かせましょう。

❸ 排列順は基礎編とは異なり, ピンイン順ではなく, ゆるやかな意味分野別になっています。具体的な分野分けは「目次」をご覧ください。

❹ 本編には基礎編の組み合わせ項目がもう一度採録されています。これは重要な常用フレーズをもう一度しっかり記憶して頂きたいからです。

なお, 基礎編に出てきた項目には▨□□のように一つ目のボックスにあらかじめ斜線が入っており, 既習であることを注意喚起しています。

❺ 解答のページには必要に応じて「語注」があり, 似た意味の組み合わせや関連する語が書かれているため, 語彙の増強に役立ちます。

❻ 基礎編と同様, 最後のページからスタートすれば, 日本語訳の練習にもなります。

❼ 本編にも 40 ページ毎に 2 ページ分のイラスト付「曼荼羅単語帳」が収められています。基礎編と違って逆引き単語帳になっており, 語末要素から見る語彙の世界を味わえます。

❽ 本編の解答ページには, 適宜, パンダのセリフによる解説が登場します。ここではフレーズの用法や背景について, より詳しい説明が得られます。

🔊21

天候

0001 □□□
日が暮れる ▶天 …… ……
tiān hēi le

0002 □□□
雨宿りする ▶…… 雨
bì yǔ

0003 □□□
雨を避ける ▶…… 雨
duǒ yǔ

0004 □□□
雷が鳴る ▶……雷
dǎ//léi

0005 ☑□□
雨が止んだ ▶雨 …… ……
yǔ tíng le

0006 ☑□□
風が吹く ▶…… 风
guā fēng

0007 □□□
氷が張る ▶…… 冰
jié bīng

0008 □□□
天気を予測する ▶…… 天气
yùcè tiānqì

外見・五感

0009 ☑□□
背が低い ▶个子 ……
gèzi ǎi

0010 □□□
髪を染める ▶…… 头发
rǎn tóufa

天候

0001 □□□
天 黑 了
tiān hēi le
「夜が明ける」は“天亮了”tiān liàng le

0002 □□□
避 雨
bì yǔ

0003 □□□
躲 雨
duǒ yǔ

0002, 0003
“避雨”と“躲雨”は同じような意味で使われるよ

0004 □□□
打雷
dǎ//léi

0005 ☑□□
雨 停 了
yǔ tíng le

0006 ☑□□
刮 风
guā fēng

0007 □□□
结 冰
jié bīng

0008 □□□
预测 天气
yùcè tiānqì

外見・五感

0009 ☑□□
个子 矮
gèzi ǎi

0009
丈が短いときは“低”dī ではなく“矮”を使うよ

0010 □□□
染 头发
rǎn tóufa

0011 □□□	まばたきをする zhǎ//yǎn	▶ ……眼
0012 □□□	ひげを蓄える liú húzi	▶ ……胡子
0013 □□□	においをかぐ wén wèir	▶ ……味儿
0014 □□□	くしゃみをする dǎ pēntì	▶ ……喷嚏
0015 □□□	あくびをする dǎ hāqian	▶ 打……
0016 □□□	しゃっくりが出る／ゲップが出る dǎ gér	▶ 打……
0017 □□□	鼻をかむ xǐng bítì	▶ ……鼻涕
0018 □□□	口を開ける zhāngkāi zuǐ	▶ ……嘴
0019 □□□	よだれが出る liú kǒushuǐ	▶ ……口水
0020 □□□	つばを吐く tǔ tuòmo	▶ ……唾沫

生理現象

0011 □□□
眨眼
zhă//yăn

0012 □□□
留 胡子
liú húzi

0013 □□□
闻 味儿
wén wèir

0014 □□□
打 喷嚏
dă pēntì

0015 □□□
打 哈欠
dă hāqian

0016 □□□
打 嗝儿
dă gér

0017 □□□
擤 鼻涕
xǐng bítì
“擤鼻子”xǐng bízi とも

0018 □□□
张开 嘴
zhāngkāi zuǐ

0019 □□□
流 口水
liú kǒushuǐ

0020 □□□
吐 唾沫
tǔ tuòmo

23

No.	日本語	中国語
0021 □□□	つばを飲み込む yàn tuòmo	▶ ＿＿ 唾沫
0022 □□□	汗をかく chū hàn	▶ ＿＿ 汗
0023 □□□	小便をする sā niào	▶ ＿＿ 尿
0024 □□□	大便をする lā//shǐ	▶ ＿＿屎
0025 □□□	伸びをする shēn lǎnyāo	▶ ＿＿ 懒腰
0026 □□□	眠くなる fàn//kùn	▶ ＿＿困
0027 □□□	居眠りをする dǎ//dǔnr	▶ 打＿＿
0028 □□□	いびきをかく dǎ hūlu	▶ 打 ＿＿
0029 ☑□□	夢を見る zuò//mèng	▶ ＿＿ 梦
0030 □□□	体を大切にする bǎozhòng shēntǐ	▶ ＿＿ 身体

0021 □□□
咽 唾沫
yàn tuòmo

0022 □□□
出 汗
chū hàn

0023 □□□
撒 尿
sā niào

0024 □□□
拉屎
lā//shǐ

0025 □□□
伸 懒腰
shēn lǎnyāo

0026 □□□
犯困
fàn//kùn

0027 □□□
打盹儿
dǎ//dǔnr
"打瞌睡" dǎ kēshuì とも

0028 □□□
打 呼噜
dǎ hūlu

0028
"呼噜"は「いびき」だけれど,「グーグー」という擬音語でもあるよ

0029 ☑□□
做梦
zuò//mèng

健康

0030 □□□
保重 身体
bǎozhòng shēntǐ

0031 □□□ 体を鍛える ▶ ………… 身体
duànliàn shēntǐ

0032 □□□ 病気を予防する ▶ ……病
fáng bìng

0033 □□□ 健康を回復する ▶ ………… 健康
huīfù jiànkāng

0034 □□□ 日なたぼっこをする ▶ …… 太阳
shài tàiyáng

0035 □□□ 寒さを嫌がる／寒がる ▶ …… 冷
pà lěng

0036 □□□ 顔色が青白い ▶ 脸色 …………
liǎnsè cāngbái

0037 □□□ 目が充血している ▶ 眼睛 …………
yǎnjing chōngxuè

0038 □□□ 全身がだるい ▶ 浑身 …………
húnshēn méijìn

0039 □□□ 病気になる ▶ ……病
shēng//bìng

0040 □□□ 高熱を出す ▶ …… 高烧
fā gāoshāo

0031 □□□
锻炼 身体
duànliàn shēntǐ

0031
“锻炼”の“炼”の字にご注意！
日本語とはずいぶん違うから

0032 □□□
防 病
fáng bìng

0033 □□□
恢复 健康
huīfù jiànkāng

0034 ◩□□
晒 太阳
shài tàiyáng

0035 □□□
怕 冷
pà lěng

病気・怪我

0036 □□□
脸色 苍白
liǎnsè cāngbái

0037 □□□
眼睛 充血
yǎnjing chōngxuè

0038 □□□
浑身 没劲
húnshēn méijìn

0039 ◩□□
生病
shēng//bìng
“得病”dé//bìng とも

0040 □□□
发 高烧
fā gāoshāo

No.	日本語 / ピンイン	中国語
0041 □□□	腹を下す lā dùzi	▶ ＿＿ 肚子
0042 □□□	冷気に当たる／風邪をひく zháo//liáng	▶ ＿＿ 凉
0043 □□□	アレルギー反応 guòmǐn fǎnyìng	▶ ＿＿ 反应
0044 □□□	食物アレルギー shíwù guòmǐn	▶ 食物 ＿＿
0045 □□□	アルコール中毒 jiǔjīng zhòngdú	▶ ＿＿ 中毒
0046 □□□	転んでひっくり返る shuāi gēntou	▶ ＿＿ 跟头
0047 □□□	切り傷ができる lá kǒuzi	▶ ＿＿ 口子
0048 □□□	まめができる mó pào	▶ ＿＿ 泡
0049 □□□	突き指をする chuōshāng shǒuzhǐ	▶ ＿＿ 手指
0050 □□□	ぎっくり腰になる shǎn yāo le	▶ ＿＿ 腰 了

0041 □□□
拉 肚子
lā dùzi

0042 □□□
着凉
zháo//liáng

0043 □□□
过敏 反应
guòmǐn fǎnyìng

0044 □□□
食物 过敏
shíwù guòmǐn

0045 □□□
酒精 中毒
jiǔjīng zhòngdú

0046 □□□
摔 跟头
shuāi gēntou

0047 □□□
拉 口子
lá kǒuzi

0048 □□□
磨 泡
mó pào

0049 □□□
戳伤 手指
chuōshāng shǒuzhǐ

0050 □□□
闪 腰 了
shǎn yāo le
"腰闪了" yāo shǎn le とも

0051 □□□ 視力が落ちる ▸ 视力 ……
shìlì xiàjiàng

0052 □□□ 虫歯になる ▸ …… 虫牙
zhǎng chóngyá

0053 □□□ ウイルスに感染する ▸ …… 病毒
gǎnrǎn bìngdú

0054 □□□ 腫瘍ができる ▸ …… 肿瘤
zhǎng zhǒngliú

病院・医師

0055 □□□ 医者になる ▸ …… 医生
zuò yīshēng

0056 ☐□□ 医者を呼ぶ ▸ …… 医生
qǐng yīshēng

0057 ☐□□ 入院する ▸ ……院
zhù//yuàn

0058 ☐□□ 退院する ▸ ……院
chū//yuàn

0059 □□□ 病人を見舞う ▸ …… 病人
kànwàng bìngrén

診療・治療

0060 □□□ 担架を担ぐ ▸ …… 担架
tái dānjià

0051 □□□
视力 下降
shìlì xiàjiàng

0052 □□□
长 虫牙
zhǎng chóngyá

0053 □□□
感染 病毒
gǎnrǎn bìngdú
"传染病毒"chuánrǎn bìngdú とも

0054 □□□
长 肿瘤
zhǎng zhǒngliú

病院・医師

0055 □□□
做 医生
zuò yīshēng

0056
「お医者さん」と呼びかけるときは"大夫"を使うよ

0056 ☑□□
请 医生
qǐng yīshēng
"请大夫"qǐng dàifu とも

0057 ☑□□
住院
zhù//yuàn

0058 ☑□□
出院
chū//yuàn

0059 □□□
看望 病人
kànwàng bìngrén

診療・治療

0060 □□□
抬 担架
tái dānjià

0061 □□□ 体温を測る ▸ ……体温
liáng tǐwēn

0062 □□□ 血液型を調べる ▸ ……血型
yàn xuèxíng

0063 □□□ レントゲンを撮る ▸ ……X光
zhào Xguāng

0064 □□□ 陽性反応 ▸ ……反应
yángxìng fǎnyìng

0065 □□□ インフォームドコンセント
(医者から十分な説明を受けた上での同意) ▸ ……同意
zhīqíng tóngyì

0066 □□□ 病気を治す ▸ ……病
zhì bìng

0067 □□□ 点滴をする ▸ ……点滴
dǎ diǎndī

0068 □□□ 胃カメラを飲む ▸ ……胃镜
zhào wèijìng

0069 □□□ 人間ドックを受ける ▸ 做……
zuò tǐjiǎn

0070 □□□ 手術をする ▸ ……手术
dòng shǒushù

0061 □□□

量 体温

liáng tǐwēn

「血圧を測る」は“量血压”liáng xuèyā

0062 □□□

验 血型

yàn xuèxíng

0063 □□□

照 X光

zhào Xguāng

0064 □□□

阳性 反应

yángxìng fǎnyìng

「陰性反応」は“阴性反应”yīnxìng fǎnyìng

0065 □□□

知情 同意

zhīqíng tóngyì

0066 □□□

治 病

zhì bìng

0067 □□□

打 点滴

dǎ diǎndī

0068 □□□

照 胃镜

zhào wèijìng

0069 □□□

做 体检

zuò tǐjiǎn

0070 □□□

动 手术

dòng shǒushù

0071 □□□	手術を受ける jiēshòu shǒushù	▶ ＿＿ 手术
0072 □□□	内視鏡を挿入する chārù nèijìng	▶ ＿＿ 内镜
0073 □□□	盲腸を切る gē lánwěi	▶ ＿ 阑尾
0074 □□□	命を救う wǎnjiù shēngmìng	▶ ＿＿ 生命
0075 ☐□□	眼鏡を作る pèi yǎnjìng	▶ ＿ 眼镜
0076 □□□	コンタクトレンズ yǐnxíng yǎnjìng	▶ ＿＿ 眼镜
0077 □□□	歯を抜く bá yá	▶ ＿ 牙
0078 □□□	処方箋を出す kāi yàofāng	▶ ＿ 药方
0079 □□□	薬を調合する pèi//yào	▶ ＿药
0080 □□□	薬を煎じる áo yào	▶ ＿ 药

0071 □□□ 接受 手术
jiēshòu shǒushù

0072 □□□ 插入 内镜
chārù nèijìng

0073 □□□ 割 阑尾
gē lánwěi

0074 □□□ 挽救 生命
wǎnjiù shēngmìng

0075 ◪□□ 配 眼镜
pèi yǎnjìng

0076 □□□ 隐形 眼镜
yǐnxíng yǎnjìng

> 0076
> "隐形"は「姿が見えない」こと,"隐形飞机"yǐnxíng fēijī と言ったら「ステルス機」のこと

0077 □□□ 拔 牙
bá yá

0078 □□□ 开 药方
kāi yàofāng

0079 □□□ 配药
pèi//yào

0080 □□□ 熬 药
áo yào

"煎药"jiān yào とも

29

0081 ☑□□ 薬を飲む ▶ ＿＿ 药
chī yào

0082 □□□ 目薬をさす ▶ ＿＿ 眼药
shàng yǎnyào

0083 □□□ 包帯を巻く ▶ ＿＿ 绷带
chán bēngdài

0084 □□□ 膏薬を貼る ▶ ＿＿ 膏药
tiē gāoyao

0085 □□□ 病状が好転する ▶ 病情 ＿＿
bìngqíng hǎozhuǎn

0086 □□□ 車椅子に乗る ▶ ＿＿ 轮椅
zuò lúnyǐ

0087 □□□ リハビリをする ▶ 做 ＿＿
zuò fùjiàn

0088 □□□ 経過観察 ▶ ＿＿ 观察
hòuxù guānchá

0089 □□□ 療養をする ▶ ＿＿病
yǎng//bìng

0090 □□□ 歯磨きのチューブを絞る ▶ ＿＿ 牙膏
jǐ yágāo

0081 ☐☐☐
吃 药
chī yào

0082 ☐☐☐
上 眼药
shàng yǎnyào
「悪口を言う」という意味もある

0083 ☐☐☐
缠 绷带
chán bēngdài

0084 ☐☐☐
贴 膏药
tiē gāoyao

0085 ☐☐☐
病情 好转
bìngqíng hǎozhuǎn

0086 ☐☐☐
坐 轮椅
zuò lúnyǐ

0087 ☐☐☐
做 复健
zuò fùjiàn

0088 ☐☐☐
后续 观察
hòuxù guānchá

0089 ☐☐☐
养病
yǎng//bìng

0090
これは「人に問いつめられ，少しずつ本音を吐く」という比喩でも使われるよ

衛生

0090 ☐☐☐
挤 牙膏
jǐ yágāo

30

0091 ☐☐☐ 歯を磨く ▶ ……牙
shuā yá

0092 ☐☐☐ 耳掃除をする ▶ ……耳朵
tāo ěrduo

0093 ☐☐☐ 爪を切る ▶ ……指甲
jiǎn zhǐjia

0094 ☐☐☐ マスクをする ▶ ……口罩
dài kǒuzhào

0095 ☐☐☐ 風呂に入る ▶ ……澡
xǐ//zǎo

0096 ☐☐☐ トイレに行く ▶ ……厕所
shàng cèsuǒ

人物

0097 ☐☐☐ キーパーソン ▶ ……人物
guānjiàn rénwù

0098 ☐☐☐ 適任者／適切な人選 ▶ ……人选
héshì rénxuǎn

0099 ☐☐☐ 反面教師 ▶ ……教员
fǎnmiàn jiàoyuán

家族・親戚

0100 ☐☐☐ 血を分けた同胞 ▶ ……同胞
gǔròu tóngbāo

0091 ☑□□
刷 牙
shuā yá

0092 □□□
掏 耳朵
tāo ěrduo

0093 □□□
剪 指甲
jiǎn zhǐjia　発音“指甲”zhījia とも

0094 □□□
戴 口罩
dài kǒuzhào

0095 ☑□□
洗澡
xǐ//zǎo　“泡澡”pào//zǎo とも

0096 ☑□□
上 厕所
shàng cèsuǒ

0095
“洗澡”は体の汚れをとることが主な目的。日本風の「ゆっくり風呂につかる」は“泡澡”がぴったりだね

人物

0097 □□□
关键 人物
guānjiàn rénwù

0098 □□□
合适 人选
héshì rénxuǎn

0099 □□□
反面 教员
fǎnmiàn jiàoyuán

家族・親戚

0100 □□□
骨肉 同胞
gǔròu tóngbāo

0101 □□□ 親戚付き合いをする ▶ ……亲戚
zǒu qīnqi

0102 □□□ 家が恋しい／ホームシックになる ▶ ……家
xiǎng jiā

0103 □□□ 実家に帰る／里帰りをする ▶ ……老家
huí lǎojiā

0104 □□□ 帰省する ▶ ……亲
tàn//qīn

0105 □□□ 子どもを産む ▶ ……孩子
shēng háizi

0106 □□□ 午年生まれである ▶ ……马
shǔ mǎ

0107 □□□ 名前を付ける ▶ ……名儿
qǐ//míngr

0108 □□□ 誕生日を祝う ▶ ……生日
guò shēngrì

0109 □□□ 乳を飲む ▶ ……奶
chī nǎi

0110 □□□ おねしょをする ▶ ……床
niào//chuáng

0101 □□□
走 亲戚
zǒu qīnqi

0102 □□□
想 家
xiǎng jiā

0103 □□□
回 老家
huí lǎojiā

0103
“老家”は「故郷の実家」，これは男女とも。“娘家”は「お嫁さんの実家」

「嫁が里帰りをする」は“回娘家”huí niángjia

0104 □□□
探亲
tàn//qīn

人生

0105 □□□
生 孩子
shēng háizi

0106 ◪□□
属 马
shǔ mǎ

0107 □□□
起名儿
qǐ//míngr

0108 ◪□□
过 生日
guò shēngrì

0109 □□□
吃 奶
chī nǎi

0109
日本語では「飲む」と言うところ，中国語では“吃奶”や“吃药”のように“吃”を使うことがあるよ

0110 □□□
尿床
niào//chuáng

0111 □□□
たくましく成長する ▶ ________ 成长
zhuózhuàng chéngzhǎng

0112 □□□
独身でいる ▶ ____ 光棍儿
dǎ guānggùnr

0113 □□□
独身貴族 ▶ ________ 贵族
dānshēn guìzú

0114 □□□
恋人を作る ▶ ____ 对象
gǎo duìxiàng

0115 ⧄□□
恋愛をする ▶ ____ 恋爱
tán liàn'ài

0116 □□□
結婚相手を探す ▶ ____ 对象
zhǎo duìxiàng

0117 □□□
嫁をもらう ▶ ____ 媳妇儿
qǔ xífur

0118 □□□
結婚式を行う ▶ ________ 婚礼
jǔxíng hūnlǐ

0119 □□□
ハネムーン ▶ ________ 旅行
mìyuè lǚxíng

0120 □□□
家業を継ぐ ▶ ________ 家业
jìchéng jiāyè

0111 □□□ 茁壮　成长
zhuózhuàng chéngzhǎng

0112 □□□ 打 光棍儿
dǎ guānggùnr

0113 □□□ 单身 贵族
dānshēn guìzú

0114 □□□ 搞 对象
gǎo duìxiàng

0115 ☑□□ 谈 恋爱
tán liàn'ài

0116 □□□ 找 对象
zhǎo duìxiàng

0117 □□□ 娶 媳妇儿
qǔ xífur

0118 □□□ 举行 婚礼
jǔxíng hūnlǐ

"办喜事"bàn xǐshì とも

0119 □□□ 蜜月 旅行
mìyuè lǚxíng

0120 □□□ 继承 家业
jìchéng jiāyè

0121 ☑☐☐ 孫ができる ▶ ……孙子
bào sūnzi

0122 ☐☐☐ 過去を懐かしむ ▶ ……过去
huáiniàn guòqù

0123 ☐☐☐ 葬儀を営む ▶ ……丧事
bàn sāngshì

0124 ☐☐☐ 墓参りをする ▶ ……墓
sǎo//mù

0125 ☐☐☐ 花輪を供える ▶ ……花圈
xiàn huāquān

祭日・宗教

0126 ☐☐☐ 新年を迎える ▶ ……新年
yíng xīnnián

0127 ☐☐☐ 運勢を占う ▶ ……命
suàn//mìng

0128 ☐☐☐ 運を試す ▶ ……运气
pèng yùnqi

0129 ☐☐☐ 十字を切る ▶ ……十字
huà shízì

性格・能力

0130 ☐☐☐ 教養レベル／教育水準 ▶ ……水平
wénhuà shuǐpíng

0121 ☑☐☐
抱 孙子
bào sūnzi

0122 ☐☐☐
怀念 过去
huáiniàn guòqù

0123 ☐☐☐
办 丧事
bàn sāngshì

0124 ☐☐☐
扫墓
sǎo//mù

0125 ☐☐☐
献 花圈
xiàn huāquān

祭日・宗教

0126 ☐☐☐
迎 新年
yíng xīnnián

0127 ☐☐☐
算命
suàn//mìng

0128 ☐☐☐
碰 运气
pèng yùnqi

0129 ☐☐☐
画 十字
huà shízì

性格・能力

0130 ☐☐☐
文化 水平
wénhuà shuǐpíng

0121
以前は“孙子”と言ったら「男の孫」,「孫娘」には“孙女儿”sūnnǚ'ér を使ったけれど，最近は女の子にも“孙子”を使うことが増えたよ

0128
“碰”はポンとぶつかる感じ。日本人は「乾杯！」と言いながらビールを飲むくせに，ちっとも「杯を空にしない」。「あれじゃ“干杯”gānbēi じゃなくて“碰杯”pèngbēi だ」と中国人は文句を言う

0131 □□□	分をわきまえる zhǎngwò fēncun	▶ ＿＿＿ 分寸
0132 ☑□□	礼儀をわきまえる dǒng lǐmào	▶ ＿＿ 礼貌
0133 □□□	礼儀を重んじる jiǎng lǐmào	▶ ＿＿ 礼貌
0134 □□□	話しぶりがもの柔らかである yǔqì wěiwǎn	▶ 语气 ＿＿＿
0135 □□□	教養がある yǒu wénhuà	▶ 有 ＿＿＿
0136 □□□	学がある yǒu xuéwen	▶ 有 ＿＿＿
0137 □□□	ふるまいがおうようである jǔzhǐ dàfang	▶ 举止 ＿＿＿
0138 □□□	いきいきと活気がある shēngdòng huópō	▶ ＿＿＿ 活泼
0139 □□□	ユーモアに富む fùyú yōumò	▶ ＿＿＿ 幽默
0140 □□□	気が小さい／けちくさい xīnyǎnr xiǎo	▶ ＿＿＿ 小

0131 □□□
掌握 分寸
zhǎngwò fēncun
“有分寸”yǒu fēncun とも

0132 ☐□□
懂 礼貌
dǒng lǐmào
「礼儀正しい」は“有礼貌”yǒu lǐmào

0133 □□□
讲 礼貌
jiǎng lǐmào

0134 □□□
语气 委婉
yǔqì wěiwǎn

0135 □□□
有 文化
yǒu wénhuà

0136 □□□
有 学问
yǒu xuéwen

0137 □□□
举止 大方
jǔzhǐ dàfang

0138 □□□
生动 活泼
shēngdòng huópō

0139 □□□
富于 幽默
fùyú yōumò

0140 □□□
心眼儿 小
xīnyǎnr xiǎo

0141 □□□ 意志が弱い ▶意志 ……
yìzhì bóruò

0142 □□□ 能力がある ▶有 ……
yǒu běnlǐng

0143 □□□ 腕前を見せる ▶…… 身手
xiǎn shēnshǒu

0144 □□□ 全力を尽くす ▶…… 力气
mài lìqi

0145 □□□ 経験を積んで見識が広い ▶…… 世面
jiànguo shìmiàn

0146 □□□ パイオニアとなる ▶打 ……
dǎ xiānfēng

心理・思想

0147 □□□ 進歩的思想 ▶…… 思想
xiānjìn sīxiǎng

0148 □□□ ヒューマニズム ▶…… 主义
réndào zhǔyì

0149 □□□ 頭を使う ▶…… 脑筋
dòng nǎojīn

思考・決断

0150 □□□ 方法を考える ▶…… 办法
xiǎng bànfǎ

0141 □□□
意志 薄弱
yìzhì bóruò

0142 □□□
有 本领
yǒu běnlǐng

0143 □□□
显 身手
xiǎn shēnshǒu

0144 □□□
卖 力气
mài lìqi

0145 □□□
见过 世面
jiànguo shìmiàn

0146 □□□
打 先锋
dǎ xiānfēng

0147 □□□
先进 思想
xiānjìn sīxiǎng

0148 □□□
人道 主义
réndào zhǔyì

0149 ☑□□
动 脑筋
dòng nǎojīn

"用脑子" yòng nǎozi とも

0150 □□□
想 办法
xiǎng bànfǎ

0142
"有本领" yǒu běnlǐng は３声が三つ並んでいるけど，発音はまず単語"本领"が bénlǐng となるから，結局は yǒu bénlǐng になるよ

0149
「頭をはたらかせよう」なんて言うときは"动动脑筋"だよ

心理・思想

思考・決断

0151 □□□ ふるいにかける、慎重に選ぶ ▶ ＿＿ 筛子
guò shāizi

0152 □□□ 善し悪しを見分ける ▶ ＿＿ 是非
fēnbiàn shìfēi

0153 □□□ 視野が狭い ▶ ＿＿ 狭窄
shìyě xiázhǎi

0154 □□□ 良いアイデア ▶ ＿＿ 主意
hǎo zhǔyi

0155 □□□ どうするか考えを決める ▶ ＿＿ 主意
ná zhǔyi

0156 □□□ 覚悟する／心の準備をする ▶ 思想 ＿＿
sīxiǎng zhǔnbèi

0157 ☑□□ 決心する ▶ ＿＿ 决心
xià juéxīn

0158 □□□ 太鼓判を押す ▶ ＿＿ 保票
dǎ bǎopiào

0159 □□□ 考えを改める ▶ 换 ＿＿
huàn nǎojīn

0160 □□□ 気持ちがのびのびする ▶ 心情 ＿＿
xīnqíng shūchàng

0151 □□□
过 筛子
guò shāizi

0152 □□□
分辨 是非
fēnbiàn shìfēi

0153 □□□
视野 狭窄
shìyě xiázhǎi

0154, 0155
“主意”の発音，話し言葉では zhúyi と言う人が多いよ。今度気をつけて聞いてみて

0154 □□□
好 主意
hǎo zhǔyi
発音“主意”zhúyi とも

0155 □□□
拿 主意
ná zhǔyi
発音“主意”zhúyi とも

0156 □□□
思想 准备
sīxiǎng zhǔnbèi

0157 ☐□□
下 决心
xià juéxīn

0158 □□□
打 保票
dǎ bǎopiào

0159 □□□
换 脑筋
huàn nǎojīn

0160 □□□
心情 舒畅
xīnqíng shūchàng

0161 □□□ ねじを巻く、活を入れる ▶ ＿＿ 发条
shàng fātiáo

0162 □□□ 腕が鳴る、うずうずする ▶ 手＿＿
shǒu//yǎng

0163 □□□ 忘れがたい ▶ ＿＿ 忘记
nányǐ wàngjì

0164 □□□ ぬか喜びをする ▶ ＿＿ 欢喜
kōng huānxǐ

0165 □□□ 眉をひそめる ▶ ＿＿ 眉头
zhòu méitóu

0166 □□□ 舌を出す ▶ ＿＿ 舌头
shēn shétou

0167 □□□ 舌打ちをする（羨望、驚きを表す） ▶ ＿＿嘴
zā//zuǐ

0168 □□□ 爪を噛む ▶ ＿＿ 指甲
kěn zhǐjia

0169 □□□ 飽き飽きする、うんざりする／食欲をなくす ▶ ＿＿ 胃口
dǎo wèikou

0170 □□□ 首をかしげる ▶ ＿＿ 脖子
wāi bózi

0161 □□□
上 发条
shàng fātiáo

0162 □□□
手痒
shǒu//yǎng

0163 □□□
难以 忘记
nányǐ wàngjì

0164 □□□
空 欢喜
kōng huānxǐ

0165 □□□
皱 眉头
zhòu méitóu

0166 □□□
伸 舌头
shēn shétou
“吐舌头”tǔ shétou とも

0167 □□□
咂嘴
zā//zuǐ

0168 □□□
啃 指甲
kěn zhǐjia
発音“指甲”zhījia とも

0169 □□□
倒 胃口
dǎo wèikou

0170 □□□
歪 脖子
wāi bózi

🔊38

0171 □□□	疑いの気持ちが生じる、疑いを抱く qǐ yíxīn	▶……疑心
0172 □□□	不平不満をもらす fā láosao	▶……牢骚
0173 □□□	不満を抱く、憤慨する bào bùpíng	▶……不平
0174 □□□	感情を害する shāng gǎnqíng	▶……感情
0175 ☐□□	かんしゃくを起こす fā píqi	▶……脾气

0176 □□□	チャンスを探す zhǎo jīhuì	▶……机会
0177 □□□	良い機会 hǎo jīhuì	▶……机会
0178 □□□	幸運にめぐり合う jiāo hóngyùn	▶……红运
0179 □□□	チャンスをつかむ zhuāzhù jīhuì	▶…………机会
0180 □□□	チャンスを与える gěi jīhuì	▶……机会

0171 □□□
起 疑心
qǐ yíxīn

0172 □□□
发 牢骚
fā láosao

0173 □□□
抱 不平
bào bùpíng

0174 □□□
伤 感情
shāng gǎnqíng

0175 ☑□□
发 脾气
fā píqi

0175
“发”されて嬉しいものは“工资”gōngzī（給料），嬉しくないものの代表が“脾气”だね

0176 □□□
找 机会
zhǎo jīhuì

0177 □□□
好 机会
hǎo jīhuì

0178 □□□
交 红运
jiāo hóngyùn

0179 □□□
抓住 机会
zhuāzhù jīhuì

0180 □□□
给 机会
gěi jīhuì

39

0181 □□□ 有利な条件を利用する ▶借 ……
jiè dōngfēng

0182 □□□ 幻想を抱く ▶…… 幻想
bàoyǒu huànxiǎng

0183 □□□ 見込みがある ▶有 ……
yǒu chūxi

0184 □□□ 希望に満ちている ▶…… 希望
chōngmǎn xīwàng

0185 □□□ 願いがかなう ▶…… 愿望
shíxiàn yuànwàng

誇り・自信

0186 □□□ 誇るに値する ▶…… 骄傲
zhíde jiāo'ào

0187 □□□ 成算がある ▶有 ……
yǒu bǎwò

0188 □□□ 自信にあふれる ▶…… 信心
chōngmǎn xìnxīn

0189 □□□ 思い上がる、うぬぼれる ▶…… 尾巴
qiào wěiba

0190 □□□ 首を縮める、物事に尻込みする ▶…… 脖子
suō bózi

0181 □□□ 借 东风
jiè dōngfēng

0182 □□□ 抱有 幻想
bàoyǒu huànxiǎng

0183 □□□ 有 出息
yǒu chūxi

0184 □□□ 充满 希望
chōngmǎn xīwàng

0185 □□□ 实现 愿望
shíxiàn yuànwàng

誇り・自信

0186 □□□ 值得 骄傲
zhíde jiāo'ào

0186
“值得”はよく使うね。
例えば“值得一读”zhíde yì dú（一読に値する）とか“值得买”zhíde mǎi（買うべきだ）など

0187 □□□ 有 把握
yǒu bǎwò

0188 □□□ 充满 信心
chōngmǎn xìnxīn

0189 □□□ 翘 尾巴
qiào wěiba

0190 □□□ 缩 脖子
suō bózi

0191 □□□ 自信を失う ▶ ＿＿ 信心
shīqù xìnxīn

苦労・悩み

0192 □□□ 時間と労力をかける ▶ ＿＿ 工夫
xià gōngfu

0193 □□□ 努力を続ける ▶ ＿＿ 努力
jìxù nǔlì

0194 □□□ つらい思いをする、不条理な目に遭う ▶ ＿＿ 委屈
shòu wěiqu

0195 ☑□□ 頭を痛める／悩む ▶ ＿＿ 脑筋
shāng nǎojīn

0196 □□□ 心がつらい ▶ 心里 ＿＿
xīnli nánguò

0197 □□□ 歯を食いしばる ▶ ＿＿ 牙关
yǎojǐn yáguān

状況

0198 □□□ 特徴をつかむ ▶ ＿＿ 特征
bǎwò tèzhēng

0199 □□□ 情勢を知る、時局をわきまえる ▶ 识 ＿＿
shí shíwù

0200 □□□ 手がかりを探す ▶ 寻找 ＿＿
xúnzhǎo xiànsuǒ

苦労・悩み

0191 □□□
失去 信心
shīqù xìnxīn

0192 □□□
下 工夫
xià gōngfu

0193 □□□
继续 努力
jìxù nǔlì

0194 □□□
受 委屈
shòu wěiqu

0195 □□□
伤 脑筋
shāng nǎojīn

0196 □□□
心里 难过
xīnli nánguò
"心里难受" xīnli nánshòu とも

0197 □□□
咬紧 牙关
yǎojǐn yáguān

状況

0198 □□□
把握 特征
bǎwò tèzhēng

0199 □□□
识 时务
shí shíwù

0200 □□□
寻找 线索
xúnzhǎo xiànsuǒ

❖いろいろな“笔”—— シリーズ (1)

🔊41

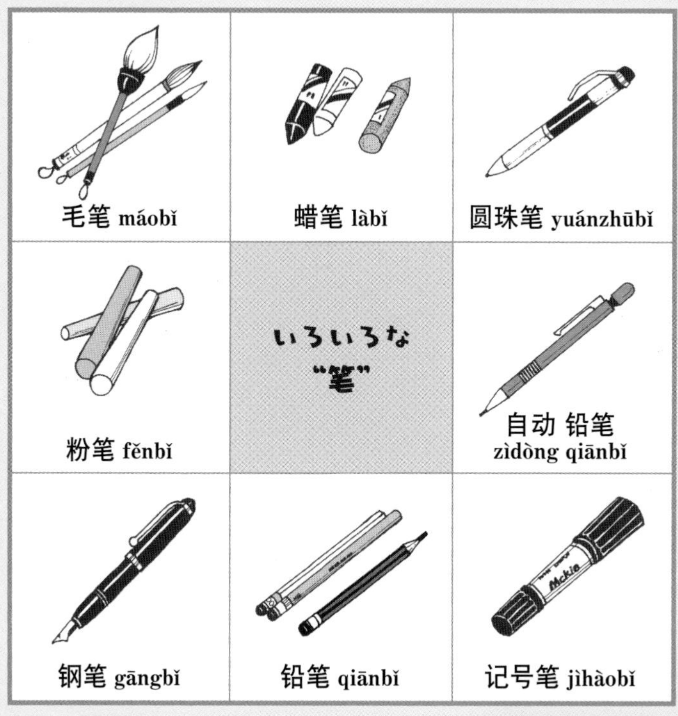

毛笔 máobǐ
蜡笔 làbǐ
圆珠笔 yuánzhūbǐ
粉笔 fěnbǐ
いろいろな
“笔”
自动 铅笔
zìdòng qiānbǐ
钢笔 gāngbǐ
铅笔 qiānbǐ
记号笔 jìhàobǐ
Mckie

曼荼羅単語帳 ⑨

✤ いろいろな“车”—— シリーズ (2)

🔊 42

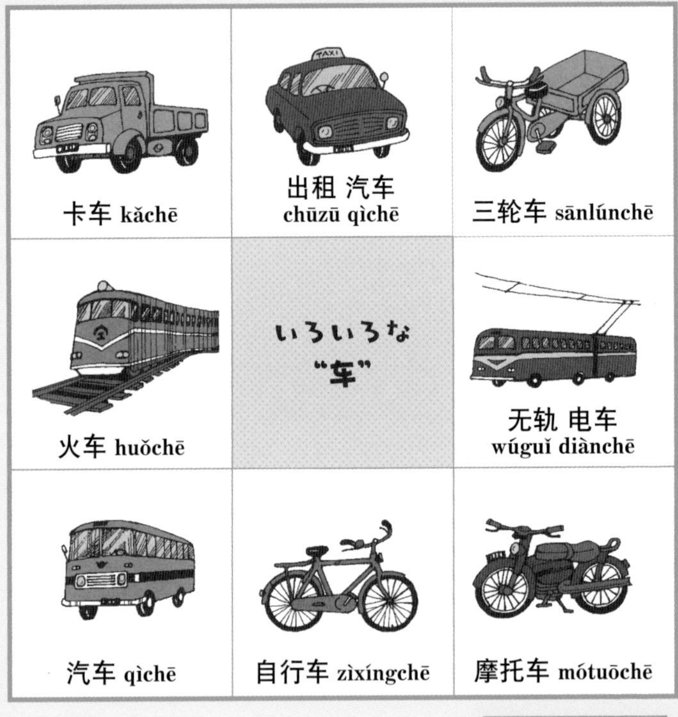

卡车 kǎchē

TAXI

出租 汽车 chūzū qìchē

三轮车 sānlúnchē

火车 huǒchē

いろいろな “车”

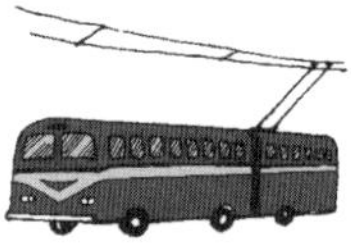

无轨 电车 wúguǐ diànchē

汽车 qìchē

自行车 zìxíngchē

摩托车 mótuōchē

曼荼羅単語帳 ⑩

0201 □□□ 謎を解明する ▶ ＿＿ 谜底
jiē mídǐ

0202 □□□ 変化が起こる ▶ ＿＿ 变化
fāshēng biànhuà

0203 □□□ 明るみに出る、表面化する ▶ ＿＿ 水面
fúchū shuǐmiàn

0204 □□□ 食い違いがある ▶ 有 ＿＿
yǒu chūrù

0205 □□□ 予想を超える、予想外である ▶ ＿＿ 预料
chūhū yùliào

0206 □□□ 実際とかけ離れる ▶ ＿＿ 实际
tuōlí shíjì

0207 □□□ 苦境に陥る ▶ ＿＿ 困境
xiànrù kùnjìng

0208 □□□ 足踏みする ▶ ＿＿ 踏步
yuándì tàbù

0209 □□□ 途中で断念し、退場する ▶ 打 ＿＿
dǎ tuìtánggǔ

0210 □□□ 劣勢を立て直す ▶ ＿＿ 败局
wǎnhuí bàijú

0201 □□□
揭 谜底
jiē mídǐ

0202 □□□
发生 变化
fāshēng biànhuà

0203 □□□
浮出 水面
fúchū shuǐmiàn

0204 □□□
有 出入
yǒu chūrù

0205 □□□
出乎 预料
chūhū yùliào

「意外である」は“出乎意料”
chūhū yìliào

0206 □□□
脱离 实际
tuōlí shíjì

0207 □□□
陷入 困境
xiànrù kùnjìng

0208 □□□
原地 踏步
yuándì tàbù

0209 □□□
打 退堂鼓
dǎ tuìtánggǔ

0210 □□□
挽回 败局
wǎnhuí bàijú

0211 □□□ めどが立つ ▶ 有 ……
yǒu méimu

0212 □□□ 新たな局面を開く ▶ …… 新篇
pǔ xīnpiān

0213 □□□ 急所を突く ▶ …… 要害
qièzhòng yàohài

0214 □□□ 難関を突破する ▶ …… 难关
chuǎng nánguān

0215 □□□ 無事に終了する ▶ …… 结束
yuánmǎn jiéshù

0216 □□□ 縁がある ▶ …… 缘分
yǒu yuánfèn

0217 □□□ 人気がある／歓迎される ▶ …… 欢迎
shòu huānyíng

0218 ☑□□ 友達になる ▶ …… 朋友
jiāo péngyou

0219 □□□ あだ名をつける ▶ …… 外号
qǐ wàihào

0220 □□□ 気性が合う ▶ …… 脾气
tóu píqi

0211 □□□ 有 眉目

yǒu méimu

0212 □□□ 谱 新篇

pǔ xīnpiān

0213 □□□ 切中 要害

qièzhòng yàohài

0214 □□□ 闯 难关

chuǎng nánguān

“突破难关”tūpò nánguān とも

0215 □□□ 圆满 结束

yuánmǎn jiéshù

交際

0216 □□□ 有 缘分

yǒu yuánfèn

0217 □□□ 受 欢迎

shòu huānyíng

“有人气”yǒu rénqì とも

0218 ☒□□ 交 朋友

jiāo péngyou

0219 □□□ 起 外号

qǐ wàihào

0220 □□□ 投 脾气

tóu píqi

0220
この“投”は「合う」という意味，
「意気投合」の「投合」だね

0221 □□□	古い友達 lǎo péngyou	▶ ＿朋友
0222 □□□	友達甲斐がある gòu péngyou	▶ ＿朋友
0223 □□□	交際する dǎ jiāodao	▶ ＿交道
0224 ☑□□	おしゃべりをする liáo//tiānr	▶ ＿天儿
0225 ☑□□	冗談を言う kāi wánxiào	▶ ＿玩笑
0226 □□□	ふざける／冗談ですませる nàozhe wánr	▶ ＿玩儿
0227 □□□	ブラックユーモア hēisè yōumò	▶ ＿幽默
0228 □□□	手を振る huī//shǒu	▶ ＿手
0229 ☑□□	挨拶をする dǎ zhāohu	▶ ＿招呼
0230 □□□	頬にキスをする qīn liǎnjiá	▶ ＿脸颊

0221 □□□ 老 朋友
lǎo péngyou

0222 □□□ 够 朋友
gòu péngyou

0223 □□□ 打 交道
dǎ jiāodao

0224 ◩□□ 聊天儿
liáo//tiānr

0225 ◩□□ 开 玩笑
kāi wánxiào

0226 □□□ 闹着 玩儿
nàozhe wánr

0227 □□□ 黑色 幽默
hēisè yōumò

0228 □□□ 挥手
huī//shǒu

0229 ◩□□ 打 招呼
dǎ zhāohu

0230 □□□ 亲 脸颊
qīn liǎnjiá

0231 □□□	どうにも断れない wúfǎ jùjué	▶ ＿＿＿拒绝
0232 ☑□□	客を招待する／ごちそうする qǐng//kè	▶ ＿＿客
0233 □□□	招待に応じる jiēshòu yāoqǐng	▶ ＿＿＿邀请
0234 □□□	客を迎える jiē kèren	▶ ＿＿客人
0235 ☑□□	客となる zuò//kè	▶ ＿＿客
0236 □□□	気を遣う、心配する fèi//xīn	▶ ＿＿心
0237 □□□	自己紹介 zìwǒ jièshào	▶ ＿＿＿介绍
0238 ☑□□	プレゼントを贈る sòng lǐwù	▶ ＿＿礼物
0239 □□□	プレゼントを受け取る shōu lǐwù	▶ ＿＿礼物
0240 □□□	感謝の意を表す biǎoshì gǎnxiè	▶ ＿＿＿感谢

0231 □□□ **无法 拒绝**
wúfǎ jùjué

0232 ◪□□ **请客**
qǐng//kè

0233 □□□ **接受 邀请**
jiēshòu yāoqǐng

0234 □□□ **接 客人**
jiē kèren

0235 ◪□□ **做客**
zuò//kè

0236 □□□ **费心**
fèi//xīn

0237 □□□ **自我 介绍**
zìwǒ jièshào

0238 ◪□□ **送 礼物**
sòng lǐwù

0239 □□□ **收 礼物**
shōu lǐwù

0240 □□□ **表示 感谢**
biǎoshì gǎnxiè

> 0233
> “邀请”yāoqǐng とは「正式な招待や招聘，招請」のこと。“接受邀请”を短くして“受邀”shòuyāo とも言うよ

0241 □□□	謝る péi búshi	▶ ＿＿ 不是
0242 □□□	許しを請う qǐngqiú kuānshù	▶ ＿＿ 宽恕
0243 □□□	拒絶される、断られる pèng dīngzi	▶ ＿＿ 钉子
0244 □□□	本当のことを言う shuō shíhuà	▶ 说 ＿＿
0245 □□□	事実を述べる、事実を並べる bǎi shìshí	▶ ＿＿ 事实
0246 □□□	心の内を話す shuō xīnlihuà	▶ 说 ＿＿
0247 □□□	言葉を尽くす fèi bǐmò	▶ ＿＿ 笔墨
0248 □□□	指切りする lā//gōu	▶ ＿＿ 钩
0249 □□□	時間を守る shǒu shíjiān	▶ ＿＿ 时间
0250 ☑□□	うなずく diǎn//tóur	▶ ＿＿ 头儿

信頼・秘密

0241 □□□
赔 不是
péi búshi

0242 □□□
请求 宽恕
qǐngqiú kuānshù

0243 □□□
碰 钉子
pèng dīngzi

0244 □□□
说 实话
shuō shíhuà

0245 □□□
摆 事实
bǎi shìshí

0245
“摆事实”の“摆”は「並べる」だ。事実を並べて「さあどうだ」と相手の判断を問う姿勢だ

0246 □□□
说 心里话
shuō xīnlihuà

0247 □□□
费 笔墨
fèi bǐmò

「口を酸っぱくして言う」は“费口舌”fèi kǒushé

0248 □□□
拉钩
lā//gōu

0249 □□□
守 时间
shǒu shíjiān

0250 □□□
点头儿
diǎn//tóur

0250
“点头儿”は「うなずく」でイエスの意味，反対は“摇头”yáotóu で首を横に振る，ノーの意味だ

0251 □□□ 胸をたたく／請け合う ▶ ……胸脯
pāi xiōngpú

0252 □□□ しぶしぶ承知する ▶ ……答应
miǎnqiǎng dāying

0253 □□□ 互いに助け合う ▶ ……帮助
hùxiāng bāngzhù

0254 □□□ 信任を得る ▶ ……信任
qǔdé xìnrèn

0255 □□□ 口を閉ざす ▶ ……嘴
bì//zuǐ

0256 □□□ 秘密を守る ▶ ……密
bǎo//mì

0257 □□□ 秘密を告げる ▶ ……秘密
gàosu mìmì

0258 □□□ 秘密を暴露する ▶ ……秘密
jiēlù mìmì

0259 □□□ ありのままに白状する ▶ ……交代
rúshí jiāodài

0260 □□□ 情報通である ▶ 消息……
xiāoxi língtōng

0251 □□□
拍 胸脯
pāi xiōngpú

0252 □□□
勉强 答应
miǎnqiǎng dāying

0253 □□□
互相 帮助
hùxiāng bāngzhù

0254 □□□
取得 信任
qǔdé xìnrèn

0255 □□□
闭嘴
bì//zuǐ

0256 □□□
保密
bǎo//mì
"守秘密"shǒu mìmì とも

0257 □□□
告诉 秘密
gàosu mìmì

0258 □□□
揭露 秘密
jiēlù mìmì

0259 □□□
如实 交代
rúshí jiāodài

0260 □□□
消息 灵通
xiāoxi língtōng

体面

0261 □□□ 見栄を張る ▶ ＿＿面子
ài miànzi

0262 □□□ メンツを立てる ▶ ＿＿面子
gěi miànzi

0263 □□□ メンツを失う ▶ ＿＿面子
diū miànzi

0264 □□□ 笑いものになる、失態を演じる ▶ ＿＿笑话
nào xiàohua

連絡・関係

0265 □□□ 消息を尋ねる ▶ ＿＿消息
dǎting xiāoxi

0266 □□□ 関係を利用する、関係をつける ▶ ＿＿关系
lā guānxi

0267 □□□ 連絡を取り合う ▶ ＿＿联系
bǎochí liánxì

0268 □□□ 密接な関係 ▶ ＿＿关系
mìqiè guānxi

0269 □□□ 後ろ盾がある ▶ 有＿＿
yǒu kàoshān

0270 □□□ 目配せをする ▶ ＿＿眼色
shǐ yǎnsè

体面

0261 □□□ 爱 面子
ài miànzi

0262 □□□ 给 面子
gěi miànzi
“留面子”liú miànzi とも

0263 □□□ 丢 面子
diū miànzi

0264 □□□ 闹 笑话
nào xiàohua

0261～0263
“面子”がたくさん並んでいる。中国はメンツを重んじる社会，自分のメンツを守り，人のメンツを傷つけないようにする

連絡・関係

0265 □□□ 打听 消息
dǎting xiāoxi

0266 □□□ 拉 关系
lā guānxi

0267 □□□ 保持 联系
bǎochí liánxì

0268 □□□ 密切 关系
mìqiè guānxi

0269 □□□ 有 靠山
yǒu kàoshān

0270 □□□ 使 眼色
shǐ yǎnsè
“递眼色”dì yǎnsè とも

🔊50

0271 □□□	脈ありかどうかを見る mō màibó	▶ ……脉搏
0272 □□□	威張る、もったいぶる bǎi jiàzi	▶ ……架子
0273 □□□	余計な世話を焼く guǎn xiánshì	▶ ……闲事
0274 □□□	便宜を図る tígōng fāngbiàn	▶ …………方便
0275 □□□	連絡を断つ duàn liánxì	▶ ……联系
0276 □□□	関係を断絶する duànjué guānxi	▶ …………关系
0277 □□□	貴重な意見 bǎoguì yìjian	▶ …………意见
0278 ☑□□	意見を言う tí yìjian	▶ ……意见
0279 □□□	意見を交換する jiāohuàn yìjian	▶ …………意见
0280 □□□	例を挙げる jǔ lìzi	▶ ……例子

0271 □□□
摸 脉搏
mō màibó

0272 □□□
摆 架子
bǎi jiàzi

"拿 架子" ná jiàzi とも

0273 □□□
管 闲事
guǎn xiánshì

0274 □□□
提供 方便
tígōng fāngbiàn

「許可する／便宜を図る」は"开绿灯" kāi lǜdēng

0275 □□□
断 联系
duàn liánxì

0276 □□□
断绝 关系
duànjué guānxi

意見・討論

0277 □□□
宝贵 意见
bǎoguì yìjian

0278 ▱□□
提 意见
tí yìjian

0278
"提"は本来「手にぶら下げて持つ」という意味だけど，ここでは「口に出して言う，提示する」だね

0279 □□□
交换 意见
jiāohuàn yìjian

0280 □□□
举 例子
jǔ lìzi

◀)) 51

0281 □□□	順序立っている céngcì fēnmíng	▶ ……… 分明
0282 □□□	道理がある yǒu dàolǐ	▶ …… 道理
0283 □□□	口をはさむ chā//zuǐ	▶ …… 嘴
0284 □□□	討論を繰り広げる zhǎnkāi tǎolùn	▶ ……… 讨论
0285 ☑□□	嘘をつく sā//huǎng	▶ …… 谎
0286 □□□	口実を探す zhǎo jièkǒu	▶ …… 借口
0287 □□□	とぼける／知らぬふりをする zhuāng hútu	▶ …… 糊涂
0288 □□□	寝たふりをする zhuāng shuì	▶ …… 睡
0289 □□□	得をする／甘い汁を吸う zhàn piányi	▶ …… 便宜
0290 □□□	だまされる shòu qīpiàn	▶ …… 欺骗

嘘・便乗

0281 □□□
层次 分明
céngcì fēnmíng

0282 □□□
有 道理
yǒu dàolǐ
「道理を説く」は“讲道理”jiǎng dàolǐ

0283 □□□
插嘴
chā//zuǐ

0284 □□□
展开 讨论
zhǎnkāi tǎolùn

嘘・便乗

0285 ☑□□
撒谎
sā//huǎng
“说假话”shuō jiǎhuà とも

0286 □□□
找 借口
zhǎo jièkǒu

0287 □□□
装 糊涂
zhuāng hútu

0288 □□□
装 睡
zhuāng shuì

0287, 0288
“装”は「装う，ふりをする」こと。“装懂”zhuāng dǒng と言ったらこれは「知っているふりをする」

0289 □□□
占 便宜
zhàn piányi

0290 □□□
受 欺骗
shòu qīpiàn

0291 □□□
首を横に振る ▶ ……头
yáo//tóu

0292 □□□
断固反対する ▶ ……反对
jiānjué fǎnduì

0293 □□□
あら探しをする ▶ ……毛病
tiāo máobìng

0294 □□□
口をとがらせる ▶ ……嘴
juē//zuǐ

0295 □□□
足を引っ張る／じゃまをする ▶ ……后腿
lā hòutuǐ

0296 □□□
批判される／怒られる ▶ ……批评
ái pīpíng

0297 □□□
聞いていて不愉快である ▶ ……耳朵
cì ěrduo

0298 □□□
面倒を引き起こす ▶ ……麻烦
rě máfan

0299 □□□
面倒をかける ▶ ……麻烦
tiān máfan

0300 □□□
名指しで批判する ▶ ……批判
diǎnmíng pīpàn

0291 □□□
摇头
yáo//tóu

0292 □□□
坚决 反对
jiānjué fǎnduì

0293 □□□
挑 毛病
tiāo máobìng

0294 □□□
撅嘴
juē//zuǐ

0295 □□□
拉 后腿
lā hòutuǐ

"扯后腿" chě hòutuǐ、"拖后腿" tuō hòutuǐ とも

0296 □□□
挨 批评
ái pīpíng

0297 □□□
刺 耳朵
cì ěrduo

0298 □□□
惹 麻烦
rě máfan

0299 □□□
添 麻烦
tiān máfan

0300 □□□
点名 批判
diǎnmíng pīpàn

0301 □□□ 意見が衝突する／仲たがいする ▶ ……意见
nào yìjian

0302 □□□ びんたを食らう ▶ ……耳光
chī ěrguāng

0303 □□□ けんかをする ▶ ……架
dǎ//jià

0304 □□□ 割り込みをする ▶ ……塞儿
jiā//sāir

0305 □□□ 弱みを握る ▶ ……把柄
zhuā bǎbǐng

0306 □□□ 告げ口をする、密告する ▶ 打……
dǎ xiǎobàogào

0307 □□□ お金持ちにコネをつける ▶ ……大款
bàng dàkuǎn

0308 □□□ 財力や権力のある人に頼る ▶ ……粗腿
bào cūtuǐ

0309 □□□ 隙に乗じる／制度の抜け穴をつく ▶ ……空子
zuān kòngzi

0310 □□□ できもしないことを言う／空約束する ▶ ……空炮
fàng kōngpào

0301 □□□
闹 意见
nào yìjian

0302 □□□
吃 耳光
chī ěrguāng

0303 ◪□□
打架
dǎ//jià

0304 □□□
加塞儿
jiā//sāir

0305 □□□
抓 把柄
zhuā bǎbǐng

0306 □□□
打 小报告
dǎ xiǎobàogào

0307 □□□
傍 大款
bàng dàkuǎn

0308 □□□
抱 粗腿
bào cūtuǐ

「苦しいときの神頼み」は“抱佛脚”bào fójiǎo

0309 □□□
钻 空子
zuān kòngzi

0310 □□□
放 空炮
fàng kōngpào

0309
“钻空子”は「スキに乗じてうまいことをする」，悪い意味で使われる。“钻孔子”zuān kǒngzi や“钻缝子”zuān fèngzi などとも言うよ

0311 □□□	甘い汁を吸う cháng tiántou	▶……甜头
0312 □□□	わずかな利益をむさぼる tān piányi	▶……便宜
0313 □□□	急に約束を反故にする fàng gēzi	▶……鸽子
0314 □□□	口から出まかせを言う biān xiāhuà	▶……瞎话
0315 □□□	ブランドをかたる màochōng míngpái	▶……名牌
0316 □□□	バカのふりをする jiǎzhuāng hútu	▶……糊涂
0317 □□□	化けの皮をはがす jiēkāi huàpí	▶……画皮
社会活動 0318 □□□	町内の仕事 jiēdào gōngzuò	▶……工作
0319 □□□	勤労奉仕 yìwù láodòng	▶……劳动
社会階層 0320 □□□	ブルジョアジー zīchǎn jiējí	▶……阶级

0311 □□□ 尝 甜头
cháng tiántou

0312 □□□ 贪 便宜
tān piányi

"贪小便宜" tān xiǎopiányi とも

0313 □□□ 放 鸽子
fàng gēzi

0314 □□□ 编 瞎话
biān xiāhuà

0315 □□□ 冒充 名牌
màochōng míngpái

0316 □□□ 假装 糊涂
jiǎzhuāng hútu

0317 □□□ 揭开 画皮
jiēkāi huàpí

社会活動

0318 □□□ 街道 工作
jiēdào gōngzuò

0319 □□□ 义务 劳动
yìwù láodòng

0319
この"义务"は「無報酬の，無償の」という意味で，よく大学生の「ボランティア活動」などを指して言うよ

社会階層

0320 □□□ 资产 阶级
zīchǎn jiējí

55

0321 □□□ インテリ ▶ ……… 分子
zhīshi fènzǐ

0322 □□□ 弱者層 ▶ ……… 群体
ruòshì qúntǐ

食品・料理

0323 □□□ (台所で)食事の支度をする ▶ ……… 厨房
xià chúfáng

0324 □□□ インスタント食品 ▶ ……… 食品
fāngbiàn shípǐn

0325 □□□ 自然食品 ▶ ……… 食品
lǜsè shípǐn

0326 □□□ 機能性食品 ▶ ……… 食品
gōngnéng shípǐn

0327 □□□ 地方色豊かな軽食 ▶ ……… 小吃
fēngwèi xiǎochī

0328 □□□ 皮をむく ▶ ……… 皮
bāo pí

0329 □□□ (刀で)皮をむく ▶ ……… 皮
xiāo pí

0330 □□□ 肉を切り取る ▶ ……… 肉
gē ròu

0321 □□□

知识 分子

zhīshi fènzǐ

0322 □□□

弱势 群体

ruòshì qúntǐ

食品・料理

0323 □□□

下 厨房

xià chúfáng

0324 □□□

方便 食品

fāngbiàn shípǐn

0325 □□□

绿色 食品

lǜsè shípǐn

0326 □□□

功能 食品

gōngnéng shípǐn

0327 □□□

风味 小吃

fēngwèi xiǎochī

0328 □□□

剥 皮

bāo pí

0329 □□□

削 皮

xiāo pí

0330 □□□

割 肉

gē ròu

0325
“绿色”は「自然，エコ，環境に優しい」の意味で，例えば「国際環境NGOグリーンピース」のことは“绿色和平”Lǜsè Hépíng と言うんだ

0328,0329
「手で皮を剥く」のは“剥皮”，「ナイフで皮を剥く」のは“削皮”と言う。“剥”と“削”，一緒になると“剥削”bōxuē で，発音も変わるよ。“剥削阶级”bōxuē jiējí はどんな意味かな，調べておこう

0331 □□□	米をとぐ táo mǐ	▶……米
0332 □□□	ガスに点火する diǎn méiqì	▶……煤气
0333 □□□	お湯を沸かす shāo kāishuǐ	▶……开水
0334 □□□	パンを焼く kǎo miànbāo	▶……面包
0335 □□□	卵をゆでる zhǔ jīdàn	▶……鸡蛋
0336 □□□	ピーナッツを炒める chǎo huāshēng	▶……花生
0337 □□□	和え物を作る／サラダを混ぜる bàn liángcài	▶……凉菜
0338 □□□	漬け物を漬ける yān xiáncài	▶……咸菜
0339 □□□	小麦粉をこねる huó miàn	▶……面
0340 □□□	ギョウザを作る bāo jiǎozi	▶……饺子

0331 □□□ 淘 米
táo mǐ

0332 □□□ 点 煤气
diǎn méiqì

0333 □□□ 烧 开水
shāo kāishuǐ

0334 □□□ 烤 面包
kǎo miànbāo

0335 □□□ 煮 鸡蛋
zhǔ jīdàn

0336 □□□ 炒 花生
chǎo huāshēng

0337 □□□ 拌 凉菜
bàn liángcài

0338 □□□ 腌 咸菜
yān xiáncài

0339 □□□ 和 面
huó miàn

0340 □□□ 包 饺子
bāo jiǎozi

"捏饺子" niē jiǎozi とも

0341 □□□ ご飯を作る ▶ ……… 饭
zuò fàn

0342 □□□ 料理を食卓に出す ▶ ……… 菜
shàng cài

0343 □□□ しょうゆをつける ▶ ……… 酱油
zhàn jiàngyóu

0344 □□□ おかゆを食べる ▶ ……… 粥
hē zhōu

0345 □□□ 食事を召し上がる ▶ ……… 饭
yòng//fàn

0346 ☑□□ お茶をつぐ ▶ ……… 茶
dào chá

0347 □□□ コーヒーを淹れる ▶ ……… 咖啡
zhǔ kāfēi

0348 ☑□□ (紅茶などに)砂糖を入れる ▶ ……… 糖
fàng táng

0349 □□□ 瓶の栓を抜く ▶ ……… 瓶塞
qǐ píngsāi

0350 □□□ 酒の燗をつける ▶ ……… 酒
tàng jiǔ

食事

0341 □□□ 做 饭
zuò fàn

0342 □□□ 上 菜
shàng cài

0343 □□□ 蘸 酱油
zhàn jiàngyóu

0344 □□□ 喝 粥
hē zhōu

0344
日本語は「おかゆを食べる」だけれど中国語では“喝粥”だよ。
でも「スープ」は日中ともに“喝汤”hē tāng（スープを飲む）だね

0345 □□□ 用饭
yòng//fàn

0346 □□□ 倒 茶
dào chá

“沏茶”qī chá とも

0347 □□□ 煮 咖啡
zhǔ kāfēi

0348 □□□ 放 糖
fàng táng

0349 □□□ 起 瓶塞
qǐ píngsāi

0350 □□□ 烫 酒
tàng jiǔ

“热酒”rè jiǔ とも

0351 □□□	水を足す duì shuǐ	▶ ……水
0352 □□□	フードデリバリー cānyǐn wàisòng	▶ 餐饮 ……
0353 ☐□□	外食する chī shítáng	▶ ……食堂
0354 □□□	街の飲食店で食べる xià guǎnzi	▶ ……馆子
0355 □□□	部屋を借り切る bāo fángjiān	▶ ……房间
0356 □□□	祝いの席を設ける bǎi jiǔxí	▶ ……酒席
0357 ☐□□	料理を注文する diǎn cài	▶ ……菜
0358 ☐□□	アメをなめる chī táng	▶ ……糖
0359 □□□	アイスクリームをなめる tiǎn bīngjīlíng	▶ ……冰激凌
0360 □□□	弁当を持参する dài biàndāng	▶ ……便当

0351 □□□
对 水
duì shuǐ

0352 □□□
餐饮 外送
cānyǐn wàisòng

0353 ◪□□
吃 食堂
chī shítáng

0354 □□□
下 馆子
xià guǎnzi

0353
「食堂を食べる」のではない。「いつも会社や大学の食堂を利用して家で料理などを作らない」，そういう食事スタイルを指す

0355 □□□
包 房间
bāo fángjiān

0356 □□□
摆 酒席
bǎi jiǔxí

0357 ◪□□
点 菜
diǎn cài

0358 ◪□□
吃 糖
chī táng

0359 □□□
舔 冰激凌
tiǎn bīngjīlíng

0360 □□□
带 便当
dài biàndāng

“带盒饭”dài héfàn とも

59

タバコ

0361 □□□ (タバコの) 火を借りる ▶ ＿＿ 火
jiè huǒ

0362 ☑□□ タバコを吸う ▶ ＿＿ 烟
chōu yān

0363 □□□ タバコの灰を落とす ▶ ＿＿ 烟灰
tán yānhuī

0364 □□□ タバコをやめる ▶ ＿＿ 烟
jiè yān

身支度

0365 ☑□□ 鏡を見る ▶ ＿＿ 镜子
zhào jìngzi

0366 ☑□□ パーマをかける ▶ ＿＿ 头发
tàng tóufa

0367 □□□ バリカンで頭を刈る ▶ ＿＿ 头
tuī//tóu

0368 □□□ 髪をとかす ▶ ＿＿ 头发
shū tóufa

0369 □□□ ひげを剃る ▶ ＿＿ 胡子
tì húzi

0370 ☑□□ 眼鏡をかける ▶ ＿＿ 眼镜
dài yǎnjìng

タバコ

0361 □□□
借 火
jiè huǒ

0362 ☑□□
抽 烟
chōu yān

0363 □□□
弹 烟灰
tán yānhuī

0364 □□□
戒 烟
jiè yān

身支度

0365 ☑□□
照 镜子
zhào jìngzi

0366 ☑□□
烫 头发
tàng tóufa

0367 □□□
推头
tuī//tóu

0368 □□□
梳 头发
shū tóufa

0367
「バリカン」のことは“推子”tuīzi と言うよ。バリカンで推すように刈るわけだ。“电”diàn をつけて“电推子”diàntuīzi とすれば「電気バリカン」だね

0369 □□□
剃 胡子
tì húzi
“刮胡子”guā húzi とも

0370 ☑□□
戴 眼镜
dài yǎnjìng

0371 □□□	口紅をつける mǒ kǒuhóng	▶ ………	口红
0372 □□□	マニキュアを塗る rǎn zhǐjia	▶ ………	指甲
0373 □□□	袖をまくる juǎn xiùzi	▶ ………	袖子
0374 ☐□□	ズボンをはく chuān kùzi	▶ ………	裤子
0375 □□□	ファスナーを閉める lāshang lāsuǒ	▶ ………	拉锁
0376 □□□	ベルトを締める jì pídài	▶ ………	皮带
0377 □□□	ネクタイを締める dǎ lǐngdài	▶ ………	领带
0378 ☐□□	靴下をはく chuān wàzi	▶ ………	袜子
0379 □□□	靴紐を結ぶ jì xiédài	▶ ………	鞋带
0380 ☐□□	帽子をかぶる dài màozi	▶ ………	帽子

0371 □□□
抹 口红
mǒ kǒuhóng
“涂口红”tú kǒuhóng とも

0372 □□□
染 指甲
rǎn zhǐjia
発音“指甲”zhījia とも

0373 □□□
卷 袖子
juǎn xiùzi

0374 ☒□□
穿 裤子
chuān kùzi

0375 □□□
拉上 拉锁
lāshang lāsuǒ

0376 □□□
系 皮带
jì pídài

0377 □□□
打 领带
dǎ lǐngdài
“系领带”jì lǐngdài とも

0378 ☒□□
穿 袜子
chuān wàzi

0379 □□□
系 鞋带
jì xiédài

0380 ☒□□
戴 帽子
dài màozi
「レッテルを貼る」の意味もある

0377
「ネクタイをする」は話し言葉では“打领带”が多い。“系”はエプロンをするときにも使われる。“系围裙”jì wéiqún（エプロンをつける）

0381 □□□	指輪をする dài jièzhi	▶……戒指
0382 □□□	腕時計をする dài shǒubiǎo	▶……手表
0383 □□□	コートを羽織る、ジャケットを羽織る pī wàitào	▶……外套
0384 ☑□□	眼鏡を外す zhāi yǎnjìng	▶……眼镜
0385 □□□	ネクタイをほどく jiě lǐngdài	▶……领带
0386 □□□	化粧を落とす xiè//zhuāng	▶……妆
0387 □□□	帽子を脱ぐ zhāi màozi	▶……帽子
0388 □□□	靴を脱ぐ tuō xié	▶……鞋

掃除・洗濯

0389 □□□	主婦 jiātíng zhǔfù	▶……主妇
0390 □□□	タオルを絞る níng shǒujin	▶……手巾

0381 □□□
戴 戒指
dài jièzhi

0382 □□□
戴 手表
dài shǒubiǎo

0383 □□□
披 外套
pī wàitào

「コートを羽織る」は“披大衣”pī dàyī とも

0384 □□□
摘 眼镜
zhāi yǎnjìng

0385 □□□
解 领带
jiě lǐngdài

「ネクタイを緩める」は“松领带”sōng lǐngdài

0386 □□□
卸妆
xiè//zhuāng

0387 □□□
摘 帽子
zhāi màozi

0388 □□□
脱 鞋
tuō xié

0384, 0388
“穿”で身につけたものを脱ぐときは“脱”を使う。“脱鞋”のように。一方“戴”で身につけたものをとるときは“摘”を使うよ。“摘帽子”のように

掃除・洗濯

0389 □□□
家庭 主妇
jiātíng zhǔfù

0390 □□□
拧 手巾
níng shǒujin

🔊62

0391 □□□ 物を片付ける ▶ ＿＿ 东西
shōushi dōngxi

0392 □□□ 掃除をする ▶ ＿＿ 卫生
dǎsǎo wèishēng

0393 □□□ (モップで) 床板を拭く ▶ ＿＿ 地板
tuō dìbǎn

0394 □□□ ごみを捨てる ▶ ＿＿ 垃圾
dào lājī

0395 □□□ 服を干す ▶ ＿＿ 衣服
shài yīfu

0396 □□□ 服をたたむ ▶ ＿＿ 衣服
dié yīfu

0397 □□□ 服にアイロンをかける ▶ ＿＿ 衣服
yùn yīfu

0398 □□□ 衣服を繕う ▶ ＿＿ 衣服
bǔ yīfu

0399 □□□ 革靴を磨く ▶ ＿＿ 皮鞋
cā píxié

育児・世話

0400 □□□ 子供の面倒を見る ▶ ＿＿ 孩子
zhàogù háizi

0391 □□□ **收拾 东西**
shōushi dōngxi

「部屋を片付ける」は“收拾屋子”shōushi wūzi

0392 □□□ **打扫 卫生**
dǎsǎo wèishēng

0393 □□□ **拖 地板**
tuō dìbǎn

0394 ☑□□ **倒 垃圾**
dào lājī

0394
「ゴミを捨てる」だけど，容器をひっくり返して中のものを出す動作を“倒”というんだ。“倒茶”（お茶を入れる）なんかもそうだね

0395 □□□ **晒 衣服**
shài yīfu

0396 □□□ **叠 衣服**
dié yīfu

0397 □□□ **熨 衣服**
yùn yīfu

0398 □□□ **补 衣服**
bǔ yīfu

0399 □□□ **擦 皮鞋**
cā píxié

0400 □□□ **照顾 孩子**
zhàogù háizi

✤いろいろな“机”—— シリーズ(3)

🔊63

収音机 shōuyīnjī
电视机 diànshìjī
录音机 lùyīnjī
打火机 dǎhuǒjī
いろいろな
“机”
订书机 dìngshūjī
照相机 zhàoxiàngjī
飞机 fēijī
司机 sījī

曼荼羅単語帳 ⑪

✣いろいろな"花"—— シリーズ(4)

🔊64

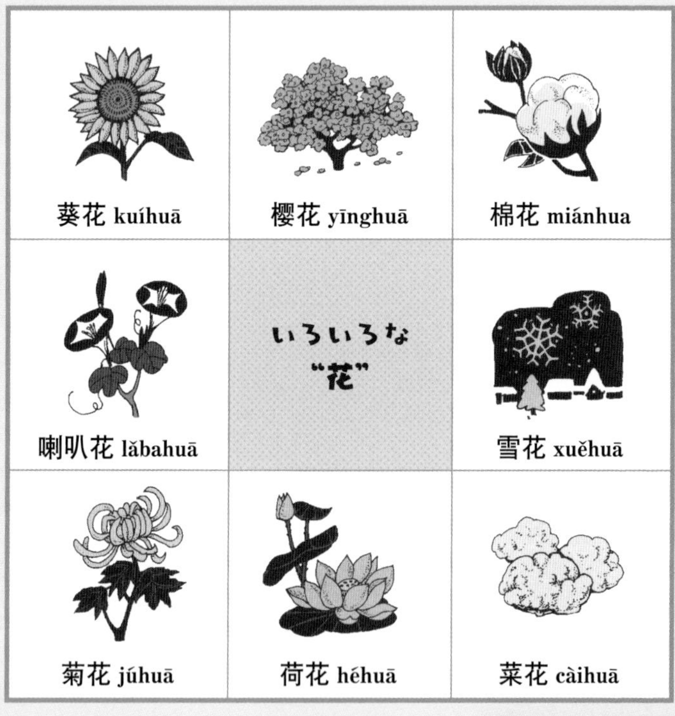

葵花 kuíhuā
樱花 yīnghuā
棉花 miánhua
喇叭花 lǎbahuā
いろいろな
"花"
雪花 xuěhuā
菊花 júhuā
荷花 héhuā
菜花 càihuā

曼荼羅単語帳 ⑫

0401 □□□ 乳を飲ませる ▶ ……奶
wèi nǎi

0402 □□□ 子供をかまう ▶ ……孩子
dòu háizi

0403 □□□ 子供をあやす ▶ ……孩子
hǒng háizi

0404 □□□ 頭をなでる ▶ ……脑袋
mō nǎodai

0405 □□□ 頬をつねる ▶ ……脸蛋儿
níng liǎndànr

0406 □□□ 子供をしかる ▶ ……孩子
shuō háizi

0407 □□□ 子供服 ▶ ……服装
értóng fúzhuāng

0408 □□□ 子供を背負う ▶ ……小孩儿
bēi xiǎoháir

0409 □□□ 子供を連れる ▶ ……孩子
dài háizi

0410 □□□ 肩たたきをする ▶ ……肩膀
chuí jiānbǎng

0401 □□□
喂 奶
wèi nǎi

0402 □□□
逗 孩子
dòu háizi

0403 □□□
哄 孩子
hǒng háizi

0401
お母さんが赤ちゃんに乳を飲ませる。哺乳瓶ででもいい。“喂”だから「食べ物・エサを与える」わけだ。ミルクをグラスに入れて人に「さあどうぞ」なんてのは“喂奶”とは言わない

0404 □□□
摸 脑袋
mō nǎodai

0405 □□□
拧 脸蛋儿
níng liǎndànr

0406 □□□
说 孩子
shuō háizi

0407 □□□
儿童 服装
értóng fúzhuāng
略して“童装”tóngzhuāng とも

0408 □□□
背 小孩儿
bēi xiǎoháir

0409 □□□
带 孩子
dài háizi

0410 □□□
捶 肩膀
chuí jiānbǎng

0411 □□□ 老人をなぐさめる ▸ ＿＿老人
ānwèi lǎorén

0412 □□□ 眼をこする ▸ ＿＿眼睛
róu yǎnjing

0413 □□□ 頬杖をつく ▸ ＿＿腮
tuō sāi

0414 □□□ 指を折る（数字を数えるときなど） ▸ ＿＿指
qū zhǐ

0415 □□□ こぶしを握る ▸ ＿＿拳头
zuàn quántou

0416 □□□ 腕組みする ▸ ＿＿胳膊
bào gēbo

0417 □□□ 胸を張る ▸ ＿＿胸
tǐng xiōng

0418 □□□ （ひじを張って）腰に手を当てる ▸ ＿＿腰
chā//yāo

0419 □□□ 腰をかがめる ▸ ＿＿腰
wān//yāo

0420 □□□ 膝を抱える ▸ ＿＿膝盖
bào xīgài

0411 □□□
安慰 老人
ānwèi lǎorén

0412 □□□
揉 眼睛
róu yǎnjing

0413 □□□
托 腮
tuō sāi

0414 □□□
屈 指
qū zhǐ

0415 □□□
攥 拳头
zuàn quántou

0416 □□□
抱 胳膊
bào gēbo

0417 □□□
挺 胸
tǐng xiōng

0418 □□□
叉腰
chā//yāo

0419 □□□
弯腰
wān//yāo

0420 □□□
抱 膝盖
bào xīgài

0418
“叉腰”は腰に手を当てて，
こんなポーズをすること。
お母さんが子どもを怒った
りするときのイメージだね

0421 □□□	あぐらをかく pán//tuǐ	▶ ……腿
0422 □□□	正座をする guì//zuò	▶ ……坐
0423 □□□	つま先立ちをする diǎn//jiǎo	▶ ……脚
0424 □□□	電気をつける kāi dēng	▶ ……灯
0425 □□□	電池を入れる zhuāng diànchí	▶ ……电池
0426 □□□	プラグを抜く bá chātóu	▶ ……插头
0427 □□□	ベルを押す àn diànlíng	▶ ……电铃
0428 □□□	マッチをする huá huǒchái	▶ ……火柴
0429 □□□	火を起こす shēng//huǒ	▶ ……火
0430 □□□	火をつける diǎn//huǒ	▶ ……火

0421 □□□
盘腿
pán//tuǐ

0422 □□□
跪坐
guì//zuò

0423 □□□
踮脚
diǎn//jiǎo

0424 □□□
开 灯
kāi dēng

0425 □□□
装 电池
zhuāng diànchí

0426 □□□
拔 插头
bá chātóu

0426
“拔”は抜く。根っこのあるものをぐいと引き抜く。“拔草”(草を引き抜く),“拔牙”(歯を抜く)などもそうだね

0427 □□□
按 电铃
àn diànlíng

口語で“摁电铃”èn diànlíng とも

0428 □□□
划 火柴
huá huǒchái

0429 □□□
生火
shēng//huǒ

0430 □□□
点火
diǎn//huǒ

0431 □□□ 火を消す ▶ ……火
miè//huǒ

0432 □□□ ろうそくを消す ▶ …… 蜡烛
chuī làzhú

0433 □□□ 提灯を掲げる ▶ …… 灯笼
dǎ dēnglong

0434 □□□ 蛇口をひねる ▶ …… 龙头
nǐng lóngtóu

0435 □□□ 準備をする ▶ …… 准备
zuò zhǔnbèi

0436 □□□ 引き出しを開ける ▶ …… 抽屉
dǎkāi chōuti

0437 □□□ セーターを編む ▶ …… 毛衣
dǎ máoyī

0438 □□□ 花を活ける ▶ ……花
chā//huā

0439 □□□ ハエをたたく ▶ …… 苍蝇
pāi cāngying

0440 □□□ 目覚ましをかける ▶ …… 闹钟
shàng nàozhōng

0431 □□□
灭火
miè//huǒ

0432 □□□
吹 蜡烛
chuī làzhú

0433 □□□
打 灯笼
dǎ dēnglong

0434 □□□
拧 龙头
nǐng lóngtóu

0434
両手で絞るのが“拧”níng，前に“拧手巾”níng shǒujin（タオルを絞る）が出てきたよ（0390）。ただ片手でネジなどを締めたり緩めたりするのは“拧”nǐngと言い，声調が違うね

0435 □□□
做 准备
zuò zhǔnbèi

0436 □□□
打开 抽屉
dǎkāi chōuti

0437 □□□
打 毛衣
dǎ máoyī

0438 □□□
插花
chā//huā

0439 □□□
拍 苍蝇
pāi cāngying

“打苍蝇”dǎ cāngyingとも

0440 □□□
上 闹钟
shàng nàozhōng

0441 □□□	時間を合わせる duì shíjiān	▶ ＿＿ 时间
0442 □□□	寝坊する shuì guòtóu	▶ 睡 ＿＿
0443 □□□	布団を掛ける gài bèizi	▶ ＿＿ 被子
0444 □□□	じゅうたんを敷く pū dìtǎn	▶ ＿＿ 地毯
0445 □□□	カーテンを開ける lākāi chuānglián	▶ ＿＿ 窗帘
0446 □□□	窓を閉める guān chuānghu	▶ ＿＿ 窗户
0447 □□□	ドアをノックする qiāo mén	▶ ＿＿ 门
0448 □□□	ドアに鍵をかける suǒ mén	▶ ＿＿ 门
0449 □□□	傘をさす dǎ sǎn	▶ ＿＿ 伞
0450 □□□	かごを下げる tí lánzi	▶ ＿＿ 篮子

0441 □□□
对 时间
duì shíjiān

0442 □□□
睡 过头
shuì guòtóu

「(惰眠をむさぼって)寝坊する」は“睡懒觉”shuì lǎnjiào

0443 □□□
盖 被子
gài bèizi

0444 □□□
铺 地毯
pū dìtǎn

0443
布団は，掛け布団を“被子”，敷き布団を“褥子”と言う。だから「布団を掛ける」は“盖被子”，「布団を敷く」は“铺被褥”と言う

0445 □□□
拉开 窗帘
lākāi chuānglián

0446 □□□
关 窗户
guān chuānghu

0447 ☒□□
敲 门
qiāo mén

0448 ☒□□
锁 门
suǒ mén

0449 ☒□□
打 伞
dǎ sǎn

0450 □□□
提 篮子
tí lánzi

0451 □□□ 水を汲む ▶ ……水
dǎ shuǐ

0452 □□□ 天秤棒で水を運ぶ ▶ ……水
tiāo shuǐ

0453 □□□ 水をまく ▶ ……水
sǎ shuǐ

0454 □□□ 草を刈る ▶ ……草
gē cǎo

0455 □□□ (斧で)樹を切る ▶ ……树
kǎn shù

0456 □□□ 花に水をやる ▶ ……花
jiāo huā

ペット・動物

0457 ☑□□ ペットを飼う ▶ ……宠物
yǎng chǒngwù

0458 □□□ 犬の散歩をする ▶ ……狗
liù gǒu

0459 □□□ しっぽを振る ▶ ……尾巴
yáo wěiba

0460 □□□ 卵を産む ▶ ……蛋
xià//dàn

0451 □□□ **打 水** dǎ shuǐ

0452 □□□ **挑 水** tiāo shuǐ

0453 □□□ **洒 水** sǎ shuǐ

0454 □□□ **割 草** gē cǎo

0455 □□□ **砍 树** kǎn shù

0456 □□□ **浇 花** jiāo huā

ペット・動物

0457 ☐□□ **养 宠物** yǎng chǒngwù

0458 □□□ **遛 狗** liù gǒu

0459 □□□ **摇 尾巴** yáo wěiba

0460 □□□ **下蛋** xià//dàn

0458
“遛”はのんびり歩くこと。“遛大街”は「通りをぶらつく」だ。これが動物にも適応され，“遛鸟”は「鳥を散歩させる（？）」こと。早朝の北京，鳥籠を手にした人をよく見かける

🔊71

暮らし

0461 ☑□□
部屋を借りる ▶ ＿房子
zū fángzi

0462 ☑□□
合鍵を作る ▶ ＿钥匙
pèi yàoshi

0463 □□□
壁紙を貼る ▶ ＿墙纸
tiē qiángzhǐ

0464 ☑□□
引っ越しをする ▶ ＿家
bān//jiā

0465 □□□
生活リズム ▶ 生活＿
shēnghuó jiézòu

0466 □□□
時間を割く、
時間の都合をつける ▶ ＿空儿
tōu//kòngr

0467 □□□
日々生活する ▶ ＿日子
guò rìzi

0468 □□□
その日暮らしをする ▶ ＿日子
hùn rìzi

0469 □□□
生活水準 ▶ 生活＿
shēnghuó shuǐpíng

習慣

0470 ☑□□
いつもの場所 ▶ ＿地方
lǎo dìfang

暮らし

0461 ☑□□ 租 房子
zū fángzi

0462 ☑□□ 配 钥匙
pèi yàoshi

0463 □□□ 贴 墙纸
tiē qiángzhǐ

0464 ☑□□ 搬家
bān//jiā

0462
“配”は「(その人の)実情にあわせて誂える」。だから“配眼镜”(メガネを作る)とか“配药”(薬を調合する)のように独特な使い方をするね

0465 □□□ 生活 节奏
shēnghuó jiézòu

0466 □□□ 偷空儿
tōu//kòngr
“抽空儿”chōu//kòngr とも

0467 □□□ 过 日子
guò rìzi

0468 □□□ 混 日子
hùn rìzi

0469 □□□ 生活 水平
shēnghuó shuǐpíng

習慣

0470 ☑□□ 老 地方
lǎo dìfang
「いつもの方法」は“老办法”lǎo bànfǎ

72

趣味

0471 □□□ 変わりない様子 ▶ ……样子
lǎo yàngzi

0472 □□□ 習慣が身につく ▶ ……习惯
yǎngchéng xíguàn

0473 □□□ 余暇の趣味 ▶ ……爱好
yèyú àihào

0474 □□□ 店をぶらつく ▶ ……商店
guàng shāngdiàn

0475 □□□ 流行を追う ▶ ……时髦
gǎn shímáo

0476 □□□ 衣食に凝る ▶ ……吃穿
jiǎngjiu chīchuān

0477 □□□ 模型を組み立てる ▶ ……模型
zǔzhuāng móxíng

0478 □□□ 手品をする ▶ ……戏法
biàn xìfǎ

0479 □□□ ハーモニカを吹く ▶ ……口琴
chuī kǒuqín

0480 □□□ ケーキを焼く ▶ ……蛋糕
kǎo dàngāo

0471 □□□ 老 样子
lǎo yàngzi

0472 □□□ 养成 习惯
yǎngchéng xíguàn

0473 □□□ 业余 爱好
yèyú àihào

0474 ☑□□ 逛 商店
guàng shāngdiàn

0475 □□□ 赶 时髦
gǎn shímáo

0476 □□□ 讲究 吃穿
jiǎngjiu chīchuān

0477 □□□ 组装 模型
zǔzhuāng móxíng

0478 □□□ 变 戏法
biàn xìfǎ

0479 □□□ 吹 口琴
chuī kǒuqín

0480 □□□ 烤 蛋糕
kǎo dàngāo

0473
“业余”は「業余」，すなわち「仕事の余」で仕事時間以外のこと。“业余时间”なら「アフター5」。「アマチュア」という意味もあり，“业余歌手”は「アマチュアの歌手」

0481 □□□ 服を縫う ▶ ……衣服
féng yīfu

0482 □□□ 小鳥を刺繍する ▶ ……小鸟
xiù xiǎoniǎo

0483 □□□ はんこを作る ▶ ……图章
kè túzhāng

0484 □□□ 仏像を彫る ▶ ……佛像
diāo fóxiàng

0485 □□□ 切手を集める ▶ ……邮票
shōují yóupiào

0486 □□□ 将棋を指す ▶ ……象棋
xià xiàngqí

0487 □□□ コスプレ(コスチュームプレイ) ▶ ……扮演
juésè bànyǎn

0488 □□□ 花見をする(桜に限らない) ▶ ……花
shǎng huā

0489 □□□ 山に登る ▶ ……山
pá shān

0490 □□□ バードウオッチングをする ▶ ……野鸟
guānchá yěniǎo

0481 □□□
缝 衣服
féng yīfu

0482 □□□
绣 小鸟
xiù xiǎoniǎo

0483 □□□
刻 图章
kè túzhāng

0484 □□□
雕 佛像
diāo fóxiàng

0485 □□□
收集 邮票
shōují yóupiào

0486 ☑□□
下 象棋
xià xiàngqí

「碁を打つ」は"下围棋"xià wéiqí

0486
「囲碁をする」のは"下围棋"と言う。単に"下棋"と言ったらどちらも表せる。だから"他们在下棋呢"はうまく日本語に訳せないよ

0487 □□□
角色 扮演
juésè bànyǎn

0488 □□□
赏 花
shǎng huā

0489 ☑□□
爬 山
pá shān

0490 □□□
观察 野鸟
guānchá yěniǎo

0491 □□□ 潮干狩りをする ▶ ……海
gǎn hǎi

0492 □□□ 好みに合う ▶ ……胃口
hé wèikǒu

0493 □□□ レクリエーション活動 ▶ ……活动
wényú huódòng

0494 □□□ 積み木を積む ▶ ……积木
dā jīmù

0495 □□□ 折り鶴を折る ▶ ……纸鹤
dié zhǐhè

0496 □□□ あやとりをする ▶ ……花绳
fān huāshéng

0497 □□□ ままごとをする ▶ ……家家
guò jiājia

0498 □□□ 粘土をこねる ▶ ……黏土
niē niántǔ

0499 □□□ はだしで歩く ▶ ……走路
chìjiǎo zǒulù

0500 □□□ 縄跳びをする ▶ ……绳儿
tiào shéngr

0491 □□□
赶 海
gǎn hǎi

0492 □□□
合 胃口
hé wèikǒu

遊び

0493 □□□
文娱 活动
wényú huódòng

0494 □□□
搭 积木
dā jīmù

0495 □□□
叠 纸鹤
dié zhǐhè

0496 □□□
翻 花绳
fān huāshéng

0497 □□□
过 家家
guò jiājia

0498 □□□
捏 黏土
niē niántǔ

0499 □□□
赤脚 走路
chìjiǎo zǒulù

0500 □□□
跳 绳儿
tiào shéngr

0501 □□□ 腕相撲をする ▶ 扳腕子
bān wànzi

0502 □□□ とんぼ返りをする ▶ 翻跟头
fān gēntou

0503 □□□ シャボン玉を飛ばす ▶ 吹泡泡儿
chuī pàopaor

0504 □□□ ハンカチ落としをする ▶ 丢手绢
diū shǒujuàn

0505 □□□ かくれんぼをする ▶ 捉迷藏
zhuō mícáng

0506 □□□ まりつきをする ▶ 拍皮球
pāi píqiú

0507 □□□ 石蹴りをする ▶ 跳房子
tiào fángzi

0508 □□□ ゴム跳びをする ▶ 跳皮筋儿
tiào píjīnr

0509 □□□ 凧揚げをする ▶ 放风筝
fàng fēngzheng

0510 □□□ ブランコをこぐ ▶ 荡秋千
dàng qiūqiān

0501 □□□
扳 腕子
bān wànzi

0502 □□□
翻 跟头
fān gēntou

0503 □□□
吹 泡泡儿
chuī pàopaor

0504 □□□
丢 手绢
diū shǒujuàn

0505 □□□
捉 迷藏
zhuō mícáng

0506 □□□
拍 皮球
pāi píqiú

0507 □□□
跳 房子
tiào fángzi

0508 □□□
跳 皮筋儿
tiào píjīnr

0509 □□□
放 风筝
fàng fēngzheng

0510 □□□
荡 秋千
dàng qiūqiān

0511 □□□ 滑り台を滑る ▶ ____滑梯
huá huátī

0512 □□□ そりに乗る ▶ ____雪橇
zuò xuěqiāo

0513 □□□ スケートボードをする ▶ ____滑板
wánr huábǎn

0514 □□□ 一輪車に乗る ▶ ____独轮车
qí dúlúnchē

0515 □□□ バンジージャンプをする ▶ ____蹦极
wánr bèngjí

0516 □□□ 木に登る ▶ ____树
pá shù

0517 □□□ テントを張る ▶ ____帐篷
dā zhàngpeng

0518 □□□ ハンモックを吊る ▶ ____吊床
xuánguà diàochuáng

0519 □□□ 薪を割る ▶ ____木柴
pī mùchái

0520 □□□ 虫を捕まえる ▶ ____虫子
zhuō chóngzi

0511 □□□ 滑 滑梯
huá huátī

0512 □□□ 坐 雪橇
zuò xuěqiāo

0513 □□□ 玩儿 滑板
wánr huábǎn

0514 □□□ 骑 独轮车
qí dúlúnchē

0515 □□□ 玩儿 蹦极
wánr bèngjí

0516 □□□ 爬 树
pá shù

0517 □□□ 搭 帐篷
dā zhàngpeng

"支帐篷" zhī zhàngpeng とも

0518 □□□ 悬挂 吊床
xuánguà diàochuáng

0519 □□□ 劈 木柴
pī mùchái

0520 □□□ 捉 虫子
zhuō chóngzi

0521 □□□	山菜を採る cǎi yěcài	▶ ＿＿ 野菜
0522 □□□	果物をもぐ zhāi guǒzi	▶ ＿＿ 果子
0523 □□□	ジャガイモ掘りをする wā tǔdòu	▶ ＿＿ 土豆
0524 □□□	焼き芋を焼く kǎo báishǔ	▶ ＿＿ 白薯
0525 □□□	日焼け止めを塗る mǒ fángshàishuāng	▶ ＿＿ 防晒霜
0526 □□□	熱中症を予防する yùfáng zhòngshǔ	▶ ＿＿＿＿ 中暑
0527 □□□	日光浴をする shài rìguāngyù	▶ ＿＿ 日光浴
0528 □□□	海水浴をする xǐ hǎishuǐyù	▶ ＿＿ 海水浴
0529 □□□	花火をする fàng yānhuo	▶ ＿＿ 烟火
0530 □□□	雪合戦をする dǎ xuězhàng	▶ ＿＿ 雪仗

0521 □□□
采 野菜
cǎi yěcài

0522 □□□
摘 果子
zhāi guǒzi

0523 □□□
挖 土豆
wā tǔdòu

0524 □□□
烤 白薯
kǎo báishǔ

0525 □□□
抹 防晒霜
mǒ fángshàishuāng

0526 □□□
预防 中暑
yùfáng zhòngshǔ

0527 □□□
晒 日光浴
shài rìguāngyù

0528 □□□
洗 海水浴
xǐ hǎishuǐyù

"做海水浴" zuò hǎishuǐyù とも

0529 □□□
放 烟火
fàng yānhuo

0530 □□□
打 雪仗
dǎ xuězhàng

78

0531 雪だるまを作る ▶ ____雪人
duī xuěrén

0532 爆竹を鳴らす ▶ ____爆竹
fàng bàozhú

0533 なぞなぞを当てる ▶ ____谜语
cāi míyǔ

0534 ネットバーに入り浸る ▶ ____网吧
pào wǎngbā

ゲーム・賭博

0535 コンピューターゲーム ▶ 电子____
diànzǐ yóuxì

0536 カードをシャッフルする、麻雀パイをかき混ぜる ▶ ____牌
xǐ//pái

0537 トランプをする ▶ ____扑克
dǎ pūkè

0538 くじを引く ▶ ____签
chōu//qiān

0539 宝くじに当たる ▶ ____彩票
zhòng cǎipiào

家計・財産

0540 お金を稼ぐ ▶ ____钱
zhèng qián

0531 ☑□□ **堆 雪人** duī xuěrén

0532 □□□ **放 爆竹** fàng bàozhú

0533 ☑□□ **猜 谜语** cāi míyǔ

0534 □□□ **泡 网吧** pào wǎngbā

0534
“泡”はもともと「水につけてモノをふやかす」こと，そこから「長い時間ひたっている→だらだら時間をつぶす」という意味がある。“泡吧”とも言うよ

ゲーム・賭博

0535 □□□ **电子 游戏** diànzǐ yóuxì

0536 □□□ **洗牌** xǐ//pái

0537 ☑□□ **打 扑克** dǎ pūkè

0538 □□□ **抽签** chōu//qiān

“抓阄儿”zhuā//jiūr とも

0538
“抽签”と“抓阄儿”は「くじを引く」だがイメージが違う。紙を丸めたものから一つとるのが“抓阄儿”，棒を引き抜くのが“抽签”だ

0539 □□□ **中 彩票** zhòng cǎipiào

家計・財産

0540 □□□ **挣 钱** zhèng qián

79

0541 □□□	お金を儲ける zhuàn qián	▶ ＿＿ 钱
0542 □□□	お金を節約する shěng qián	▶ ＿＿ 钱
0543 □□□	お金を貯める zǎn qián	▶ ＿＿ 钱
0544 □□□	お金を携帯する dài qián	▶ ＿＿ 钱
0545 □□□	お金を払う fù qián	▶ ＿＿ 钱
0546 □□□	お金を損する／ お金で弁償する péi//qián	▶ ＿＿钱
0547 □□□	お金を使う huā qián	▶ ＿＿ 钱
0548 □□□	自腹を切る tāo yāobāo	▶ ＿＿ 腰包
0549 □□□	お金をくずす pòchéng língqián	▶ ＿＿＿＿ 零钱
0550 □□□	手元不如意である、 手持ちのお金が足りない shǒutóur jǐn	▶ 手头儿 ＿＿

0541 □□□
赚 钱
zhuàn qián

0542 □□□
省 钱
shěng qián

0543 □□□
攒 钱
zǎn qián

0543
“攒钱”をcuán qiánと発音すると，「お金を集める」「お金を出し合う」の意味になるよ

0544 □□□
带 钱
dài qián

0545 □□□
付 钱
fù qián

0546 □□□
赔钱
péi//qián

0547 □□□
花 钱
huā qián

0548 □□□
掏 腰包
tāo yāobāo

0549 □□□
破成 零钱
pòchéng língqián

0550 □□□
手头儿 紧
shǒutóur jǐn

🔊80

0551 □□□ お金を出し合う／お金をかき集める ▶ ……钱
còu//qián

0552 □□□ 金持ちになる ▶ ……财
fā//cái

0553 □□□ 貴重品 ▶ ……物品
guìzhòng wùpǐn

労働者

0554 □□□ 仕事を探す若者 ▶ ……青年
dàiyè qīngnián

0555 □□□ 就職する ▶ ……工作
cānjiā gōngzuò

0556 □□□ 労働者 ▶ ……人民
láodòng rénmín

0557 □□□ 職員／スタッフ ▶ ……人员
gōngzuò rényuán

人材

0558 □□□ ビジネスエリート ▶ 商务……
shāngwù jīngyīng

0559 □□□ 潜在力を発掘する ▶ ……潜力
wā qiánlì

0560 □□□ 人材を育成する ▶ ……人才
péiyǎng réncái

0551 □□□
凑钱
còu//qián

0552 □□□
发财
fā//cái

0553 □□□
贵重 物品
guìzhòng wùpǐn

労働者

0554 □□□
待业 青年
dàiyè qīngnián

0555 □□□
参加 工作
cānjiā gōngzuò

0556 □□□
劳动 人民
láodòng rénmín

0557 □□□
工作 人员
gōngzuò rényuán

人材

0558 □□□
商务 精英
shāngwù jīngyīng

0559 □□□
挖 潜力
wā qiánlì

0560 □□□
培养 人才
péiyǎng réncái

0559
“挖”wā は土を掘って，その中からなにかを掘り出すという意味。ここではまさに「潜在能力」を掘り出すわけだ

0561 □□□ 人材が流出する ▶人才 ……
réncái wàiliú

0562 □□□ ヘッドハンティング会社 ▶…… 公司
liètóu gōngsī

0563 □□□ 肉体労働 ▶…… 劳动
tǐlì láodòng

0564 □□□ 職場 ▶工作 ……
gōngzuò dānwèi

0565 □□□ 仕事のポスト ▶工作 ……
gōngzuò gǎngwèi

0566 □□□ テレワーク ▶…… 就业
jūjiā jiùyè

0567 □□□ 内職をする ▶…… 副业
gǎo fùyè

0568 □□□ 昇級する／昇格する ▶……级
shēng//jí

0569 □□□ ビジネスマナー ▶商务 ……
shāngwù lǐyí

0570 □□□ 名刺を渡す ▶…… 名片
dì míngpiàn

0561 □□□

人才 外流

réncái wàiliú

0562 □□□

猎头 公司

liètóu gōngsī

0563 □□□

体力 劳动

tǐlì láodòng

「頭脳労働」は“脑力劳动”nǎolì láodòng

0564 □□□

工作 单位

gōngzuò dānwèi

0565 □□□

工作 岗位

gōngzuò gǎngwèi

0565
“岗位”はもともと「兵士や警官などの持ち場」を指した。そこから広く「仕事の持ち場, 任務」も指すようになった

0566 □□□

居家 就业

jūjiā jiùyè

0567 □□□

搞 副业

gǎo fùyè

0568 □□□

升级

shēng//jí

0569 □□□

商务 礼仪

shāngwù lǐyí

0570 □□□

递 名片

dì míngpiàn

0571 □□□	新人を抜擢する tíbá xīnrén	▶ ＿＿ 新人
0572 □□□	欠員を埋める、 空いたポストに就く bǔ quēwèi	▶ ＿＿ 缺位
0573 □□□	仕事を引き継ぐ jiē gōngzuò	▶ ＿＿ 工作
0574 □□□	直属の上司 dǐngtóu shàngsi	▶ ＿＿ 上司
0575 □□□	指導者グループ／経営陣 lǐngdǎo bānzi	▶ ＿＿ 班子
0576 □□□	指示を聞く、指示に従う tīng zhǐhuī	▶ ＿＿ 指挥
0577 □□□	仕事を段取りする ānpái gōngzuò	▶ ＿＿ 工作
0578 □□□	任務を割り振る bùzhì rènwu	▶ ＿＿ 任务
0579 □□□	時間を都合する chōu shíjiān	▶ ＿＿ 时间
0580 □□□	時間がかかる huā shíjiān	▶ ＿＿ 时间

0571 □□□ 提拔 新人
tíbá xīnrén

0572 □□□ 补 缺位
bǔ quēwèi

0573 □□□ 接 工作
jiē gōngzuò

0574 □□□ 顶头 上司
dǐngtóu shàngsi

0575 □□□ 领导 班子
lǐngdǎo bānzi

0576 □□□ 听 指挥
tīng zhǐhuī

0577 □□□ 安排 工作
ānpái gōngzuò

0578 □□□ 布置 任务
bùzhì rènwu

0579 □□□ 抽 时间
chōu shíjiān

0580 □□□ 花 时间
huā shíjiān

0581 □□□	時間を節約する shěng shíjiān	▶ ＿＿ 时间
0582 □□□	時間に遅れ支障が出る／手間をとらせる dānwu shíjiān	▶ ＿＿ 时间
0583 □□□	肝心な時刻／正念場 guānjiàn shíkè	▶ ＿＿ 时刻
0584 □□□	仕事が順調だ gōngzuò shùnlì	▶ 工作 ＿＿
0585 □□□	仕事が忙しい gōngzuò jǐnzhāng	▶ 工作 ＿＿
0586 □□□	出張手当 chūchāi bǔtiē	▶ 出差 ＿＿
0587 □□□	助手をつける pèi zhùshǒu	▶ ＿＿ 助手
0588 □□□	負担を軽減する jiǎnqīng fùdān	▶ ＿＿ 负担
0589 □□□	仕事を担う／担当する tiāo dànzi	▶ ＿＿ 担子
0590 □□□	責任を負う chéngdān zérèn	▶ ＿＿ 责任

0581 □□□
省 时间
shěng shíjiān

0582 □□□
耽误 时间
dānwu shíjiān

0583 □□□
关键 时刻
guānjiàn shíkè

0584 □□□
工作 顺利
gōngzuò shùnlì

0585 □□□
工作 紧张
gōngzuò jǐnzhāng

0586 □□□
出差 补贴
chūchāi bǔtiē

0587 □□□
配 助手
pèi zhùshǒu

0588 □□□
减轻 负担
jiǎnqīng fùdān

0589 □□□
挑 担子
tiāo dànzi

0590 □□□
承担 责任
chéngdān zérèn

“负责任”fù zérèn とも

0582
“耽误”は単に時間に遅れることではなく，その結果“误”する，つまり不都合なことになり，悪影響が出ることを表す

0583
“关键”は「肝心カナメの，重要な」という意味。“关键人物”guānjiàn rénwù なら「キーパーソン」だ

0591 □□□	見込みがない méi chūxi	▶没 ＿＿
0592 □□□	過ちを犯す fàn cuòwù	▶＿＿错误
0593 □□□	問題が起こる chū wèntí	▶＿＿问题
0594 □□□	デリケートな問題 mǐngǎn wèntí	▶＿＿问题
0595 □□□	過ちを認める chéngrèn cuòwù	▶＿＿错误
0596 □□□	間違いを正す gǎizhèng cuòwù	▶＿＿错误
0597 □□□	効果が現れる jiàn xiàoguǒ	▶＿＿效果
0598 □□□	効率が悪い xiàolǜ dī	▶效率 ＿＿
0599 □□□	残業をする jiā//bān	▶＿＿班
0600 □□□	病欠する qǐng bìngjià	▶＿＿病假

0591 □□□ 没 出息
méi chūxi

0592 □□□ 犯 错误
fàn cuòwù

0593 □□□ 出 问题
chū wèntí

"发生问题" fāshēng wèntí とも

0594 □□□ 敏感 问题
mǐngǎn wèntí

0595 □□□ 承认 错误
chéngrèn cuòwù

0596 □□□ 改正 错误
gǎizhèng cuòwù

0597 □□□ 见 效果
jiàn xiàoguǒ

0598 □□□ 效率 低
xiàolǜ dī

0599 □□□ 加班
jiā//bān

0600 □□□ 请 病假
qǐng bìngjià

✣ いろいろな“鱼”—— シリーズ(5)　🔊85

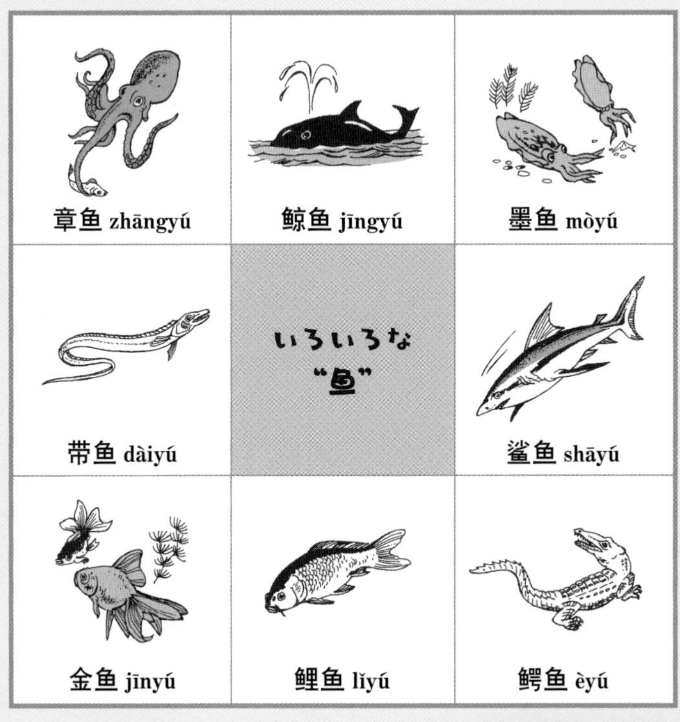
章鱼 zhāngyú
鲸鱼 jīngyú
墨鱼 mòyú
带鱼 dàiyú
いろいろな
“鱼”
鲨鱼 shāyú
金鱼 jīnyú
鲤鱼 lǐyú
鳄鱼 èyú

曼荼羅単語帳 ⑬

✤いろいろな"琴"—— シリーズ(6)

🔊86

大提琴 dàtíqín
小提琴 xiǎotíqín
口琴 kǒuqín
手风琴
shǒufēngqín
いろいろな
"琴"
胡琴 húqin
风琴 fēngqín
钢琴 gāngqín
月琴 yuèqín

曼荼羅単語帳⑭

0601 □□□ 有給休暇 ▶ ＿＿ 休假
dàixīn xiūjià

0602 ☑□□ 給料を払う ▶ ＿＿ 工资
fā gōngzī

0603 □□□ 給料を受け取る ▶ ＿＿ 工资
lǐng gōngzī

0604 □□□ ストライキを行う ▶ 举行 ＿＿
jǔxíng bàgōng

0605 □□□ 仕事を辞める ▶ ＿＿ 工作
cídiào gōngzuò

工程・作業

0606 □□□ 流れ作業 ▶ ＿＿ 作业
liúshuǐ zuòyè

0607 □□□ 部品を補充する ▶ ＿＿ 零件
pèi língjiàn

0608 □□□ ネジを緩める ▶ ＿＿ 螺丝
sōng luósī

0609 □□□ 技術移転 ▶ 技术 ＿＿
jìshù zhuǎnràng

経済・物価

0610 □□□ マクロ経済 ▶ ＿＿ 经济
hóngguān jīngjì

0601 □□□
带薪 休假
dàixīn xiūjià

0602 ◪□□
发 工资
fā gōngzī

0602
“工资”は「給料, サラリー」のこと。
“薪金”xīnjīn とか“薪水”xīnshuǐ
などとも言うよ

0603 □□□
领 工资
lǐng gōngzī

0604 □□□
举行 罢工
jǔxíng bàgōng

0605 □□□
辞掉 工作
cídiào gōngzuò

工程・作業

0606 □□□
流水 作业
liúshuǐ zuòyè

0607 □□□
配 零件
pèi língjiàn

0608 □□□
松 螺丝
sōng luósī

0609 □□□
技术 转让
jìshù zhuǎnràng

経済・物価

0610 □□□
宏观 经济
hóngguān jīngjì

88

0611 □□□ ミクロ経済 ▶ ……… 经济
wēiguān jīngjì

0612 □□□ バブル経済 ▶ ……… 经济
pàomò jīngjì

0613 □□□ 株価が反発する ▶ ……… 股市
fǎntán gǔshì

0614 □□□ 市場を操る ▶ ……… 市场
cāozòng shìchǎng

0615 □□□ 物価が下落する ▶ 物价 ………
wùjià xiàjiàng

0616 □□□ 物価が上昇する ▶ 物价 ………
wùjià shàngzhǎng

0617 □□□ インフレーション ▶ 通货 ………
tōnghuò péngzhàng

0618 □□□ 物価統制をする ▶ ……… 物价
guǎnzhì wùjià

0619 □□□ 物価を安定させる ▶ ……… 物价
wěndìng wùjià

銀行・保険

0620 □□□ 銀行預金 ▶ ……… 存款
yínháng cúnkuǎn

0611 □□□ 微观 经济
wēiguān jīngjì

0612 □□□ 泡沫 经济
pàomò jīngjì

0613 □□□ 反弹 股市
fǎntán gǔshì

0614 □□□ 操纵 市场
cāozòng shìchǎng

0615 □□□ 物价 下降
wùjià xiàjiàng

0616 □□□ 物价 上涨
wùjià shàngzhǎng

0617 □□□ 通货 膨胀
tōnghuò péngzhàng

「デフレーション」は
"通货紧缩" tōnghuò jǐnsuō

0618 □□□ 管制 物价
guǎnzhì wùjià

0619 □□□ 稳定 物价
wěndìng wùjià

0620 □□□ 银行 存款
yínháng cúnkuǎn

0621 □□□ 普通預金 ▶ ＿＿存款
huóqī cúnkuǎn

0622 □□□ 口座を開く ▶ ＿账户
kāi zhànghù

0623 □□□ 銀行の口座番号 ▶ 银行＿＿
yínháng zhànghào

0624 □□□ 預金をする ▶ ＿钱
cún qián

0625 □□□ 預金をおろす ▶ ＿钱
qǔ qián

0626 □□□ ローンを返す ▶ ＿贷款
huán dàikuǎn

0627 □□□ 不良債権 ▶ ＿＿贷款
bùliáng dàikuǎn

0628 □□□ 両替をする ▶ ＿钱
huàn//qián

0629 □□□ インターネットバンク ▶ ＿＿银行
wǎngluò yínháng

0630 □□□ 電子マネー ▶ ＿＿货币
diànzǐ huòbì

0621 □□□ **活期 存款** huóqī cúnkuǎn

「定期預金」は"定期存款"dìngqī cúnkuǎn

0621
"活期"の反対が"定期"だが,"活"huó の反対は"死"sǐ だから「定期預金」のことは"死期存款"sǐqī cúnkuǎn とも言うよ

0622 □□□ **开 账户** kāi zhànghù

0623 □□□ **银行 账号** yínháng zhànghào

0624 ☐□□ **存 钱** cún qián

"存款"cún//kuǎn とも

0625 □□□ **取 钱** qǔ qián

"取款"qǔ//kuǎn とも

0626 □□□ **还 贷款** huán dàikuǎn

0627 □□□ **不良 贷款** bùliáng dàikuǎn

0626, 0627
"还贷款"の"贷款"は「借りた金」,"不良贷款"の"贷款"は「貸した金」だ。早い話"贷"dài には「貸し」「借り」両方の意味があるから要注意だよ。まあ"借"jiè だってそうだけど

0628 ☐□□ **换钱** huàn//qián

0629 □□□ **网络 银行** wǎngluò yínháng

0630 □□□ **电子 货币** diànzǐ huòbì

「電子送金」は"电子汇款"diànzǐ huìkuǎn

0631 □□□ 生命保険 ▶ ……保险
rénshòu bǎoxiǎn

0632 □□□ グループ企業 ▶ ……企业
jítuán qǐyè

0633 □□□ グローバル戦略 ▶ ……战略
quánqiú zhànlüè

0634 □□□ ベンチャー企業 ▶ ……企业
fēngxiǎn qǐyè

0635 □□□ ペーパーカンパニー ▶ ……公司
píbāo gōngsī

0636 □□□ 共同出資で経営する ▶ ……经营
hégǔ jīngyíng

0637 □□□ 資金をやりくりする ▶ ……资金
zhōuzhuǎn zījīn

0638 □□□ 看板を掲げる／開業する ▶ ……招牌
guà zhāopai

0639 □□□ 会社を設立する ▶ ……公司
kāi gōngsī

0640 □□□ 活路を探す／販路を探す ▶ 找……
zhǎo chūlù

企業・株

0631 □□□ 人寿 保险
rénshòu bǎoxiǎn

0632 □□□ 集团 企业
jítuán qǐyè

0633 □□□ 全球 战略
quánqiú zhànlüè

0634 □□□ 风险 企业
fēngxiǎn qǐyè

0635 □□□ 皮包 公司
píbāo gōngsī

0636 □□□ 合股 经营
hégǔ jīngyíng

0637 □□□ 周转 资金
zhōuzhuǎn zījīn

0638 □□□ 挂 招牌
guà zhāopai

0639 □□□ 开 公司
kāi gōngsī

0640 □□□ 找 出路
zhǎo chūlù

0635
何の資産もなく，社員もおらず，“皮包”píbāo（皮のカバン）一つでビジネスをするのでこんな名がある。「ペーパーカンパニー」だけど，“皮包”の発音，paper と似ていると思わない？

0641 □□□ 市場から撤退する ▶ ______ 市场
tuìchū shìchǎng

0642 □□□ 市場のニーズ ▶ 市场 ______
shìchǎng xūqiú

0643 □□□ 大口取引 ▶ ______ 交易
dàpī jiāoyì

0644 □□□ 商売繁盛 ▶ 生意 ______
shēngyì xīnglóng

0645 □□□ 技術提携する ▶ 技术 ______
jìshù hézuò

0646 □□□ 株の売買をする ▶ ___ 股票
chǎo gǔpiào

0647 □□□ 副収入を得る ▶ ___ 外快
lāo wàikuài

0648 □□□ 元手を失う ▶ ___ 老本
péi lǎoběn

0649 □□□ 損失補填をする ▶ ______ 损失
míbǔ sǔnshī

0650 □□□ 商売がさっぱりだ ▶ 买卖 ______
mǎimai lěngqing

0641 □□□
退出 市场
tuìchū shìchǎng

0642 □□□
市场 需求
shìchǎng xūqiú

0643 □□□
大批 交易
dàpī jiāoyì

0644 □□□
生意 兴隆
shēngyì xīnglóng

0645 □□□
技术 合作
jìshù hézuò

0646 □□□
炒 股票
chǎo gǔpiào

0647 □□□
捞 外快
lāo wàikuài

0648 □□□
赔 老本
péi lǎoběn

“赔本钱”péi běnqián とも

0649 □□□
弥补 损失
míbǔ sǔnshī

0650 □□□
买卖 冷清
mǎimai lěngqing

0651 □□□	資金が尽きる zījīn yòngjìn	▶資金 ______
0652 □□□	工場を経営する bàn gōngchǎng	▶______ 工厂
0653 □□□	株式市場 gǔpiào shìchǎng	▶______ 市场
0654 ☐□□	契約を結ぶ dìng hétong	▶______ 合同
0655 □□□	最低条件 qǐmǎ tiáojiàn	▶______ 条件
0656 ☐□□	はんこを押す gài túzhāng	▶______ 图章
0657 □□□	商売をする zuò mǎimai	▶______ 买卖
0658 □□□	(製品や出版物が)世に出る wèn//shì	▶______世
0659 □□□	広告を掲載する dēng guǎnggào	▶______ 广告
0660 □□□	注意を引く yǐnqǐ zhùyì	▶______ 注意

商取引

0651 □□□ **资金 用尽**
zījīn yòngjìn

0652 □□□ **办 工厂**
bàn gōngchǎng

「工場を閉鎖する」は“关工厂”guān gōngchǎng

0653 □□□ **股票 市场**
gǔpiào shìchǎng

0654 ☑□□ **订 合同**
dìng hétong

“签合同”qiān hétong とも

0655 □□□ **起码 条件**
qǐmǎ tiáojiàn

0656 ☑□□ **盖 图章**
gài túzhāng

0656
“盖”は「上から蓋をする」動作。ハンコを押すのもその動きと似ているよね。そういえば“盖房子”gài fángzi は「家を建てる」だ。最後に蓋をして屋根を作るからと言われている

0657 □□□ **做 买卖**
zuò mǎimai

“做生意”zuò shēngyi とも

0658 □□□ **问世**
wèn//shì

0659 □□□ **登 广告**
dēng guǎnggào

0657
“买卖”も“生意”も「商売」だけど，“买卖”は小規模な「売り買い」という感じだ。モノを売ってお金をもらう。“生意”のほうは，サービス業や広告業などを含め，広く経済活動を指す

0660 □□□ **引起 注意**
yǐnqǐ zhùyì

0661 □□□	モデルチェンジをする shēngjí huàndài	▶升级 ______
0662 □□□	商品カタログ shāngpǐn mùlù	▶商品 ______
0663 □□□	ブランドを打ち立てる chuàng páizi	▶______ 牌子
0664 □□□	ブランド品 míngpái chǎnpǐn	▶______ 产品
0665 □□□	大衆向けの商品 dàzhòng shāngpǐn	▶______ 商品
0666 □□□	高級品 gāodàng shāngpǐn	▶______ 商品
0667 □□□	ショッピングローン xiāofèi dàikuǎn	▶消费 ______
0668 □□□	アフターサービス shòuhòu fúwù	▶______ 服务
0669 □□□	露店を出す bǎi tānr	▶______ 摊儿
0670 □□□	商品が不足する shāngpǐn duǎnquē	▶商品 ______

0661 □□□
升级 换代
shēngjí huàndài

0662 □□□
商品 目录
shāngpǐn mùlù

0663 □□□
创 牌子
chuàng páizi

「ブランドに傷がつく」は“砸牌子”zá páizi

0664 □□□
名牌 产品
míngpái chǎnpǐn

0665 □□□
大众 商品
dàzhòng shāngpǐn

0666 □□□
高档 商品
gāodàng shāngpǐn

0667 □□□
消费 贷款
xiāofèi dàikuǎn

0668 □□□
售后 服务
shòuhòu fúwù

0669 □□□
摆 摊儿
bǎi tānr

0670 □□□
商品 短缺
shāngpǐn duǎnquē

0671 □□□	(商品を)仕入れる jìn//huò	▸ ＿＿货
0672 □□□	品物を配達する sòng huò	▸ ＿＿ 货
0673 □□□	棚卸をする、在庫調査をする qīnglǐ cāngkù	▸ ＿＿＿ 仓库
0674 □□□	売れ筋商品 chàngxiāo shāngpǐn	▸ ＿＿＿ 商品
0675 □□□	売れ残りの商品 jīyā shāngpǐn	▸ ＿＿＿ 商品
0676 □□□	半額にする dǎ duìzhé	▸打 ＿＿＿
0677 □□□	安売りする、バーゲンをする liánjià chūshòu	▸ ＿＿＿ 出售
0678 □□□	コストを下げる jiàngdī chéngběn	▸ ＿＿＿ 成本
0679 □□□	割り引きする dǎ zhékòu	▸ ＿＿ 折扣
0680 □□□	値切る huán//jià	▸ ＿＿价

0671 □□□ 进货
jìn//huò

0672 □□□ 送货
sòng huò

「商品を家まで届ける」は“送货上门”sònghuò shàngmén

0673 □□□ 清理 仓库
qīnglǐ cāngkù

0674 □□□ 畅销 商品
chàngxiāo shāngpǐn

0675 □□□ 积压 商品
jīyā shāngpǐn

0675
簡体字をきちんと覚えておこう。日本語は「圧」だけど，中国語では“压”だよ。点が一つ余計にある

0676 □□□ 打 对折
dǎ duìzhé

0677 □□□ 廉价 出售
liánjià chūshòu

0678 □□□ 降低 成本
jiàngdī chéngběn

「コストパフォーマンス」は“性价比”xìngjiàbǐ

0679 □□□ 打 折扣
dǎ zhékòu

0679
例えば“打八折”dǎ 8 zhé と言えば20% off のこと，「8割引」ではなく「8掛け」だから，間違えないように

0680 □□□ 还价
huán//jià

0681 □□□
料金を徴収する ▶ ……费
shōu fèi

0682 □□□
電子決済 ▶ 电子……
diànzǐ zhīfù

0683 ☐□□
カードで支払う ▶ ……卡
shuā//kǎ

0684 ☐□□
お釣りを出す ▶ ……钱
zhǎo//qián

0685 □□□
領収書を出す ▶ ……发票
kāi fāpiào

0686 □□□
返品する ▶ ……货
tuì//huò

0687 ☐□□
チケットを予約する ▶ ……票
dìng piào

0688 □□□
副収入／不透明な収入 ▶ ……收入
huīsè shōurù

0689 □□□
バランスシート ▶ ……账目
shōuzhī zhàngmù

0690 □□□
予算を超過する ▶ ……预算
chāochū yùsuàn

0681 □□□ **收 费**
shōu fèi
「無料にする」は“**免费**”miǎn//fèi

0682 □□□ **电子 支付**
diànzǐ zhīfù
「QRコード」は“**二维码**”èrwéimǎ、“QR码”

0683 ☑□□ **刷卡**
shuā//kǎ

0684 ☑□□ **找钱**
zhǎo//qián

0685 □□□ **开 发票**
kāi fāpiào

0686 □□□ **退货**
tuì//huò
「お金を払い戻す」は“**退钱**”tuì qián

0687 ☑□□ **订 票**
dìng piào
「席を予約する」は“**订座**”dìng zuò

0687
“订”は予約すること。“订货”dìng huò なら「品物を予約する」だ。そういえば“订婚”dìnghūn（婚約する）は「結婚を予約する」んだ

0688 □□□ **灰色 收入**
huīsè shōurù

0689 □□□ **收支 账目**
shōuzhī zhàngmù

0689
整理しておこう。
“账目”は「勘定項目」のこと，“账户”は「銀行口座」，“账号”は「口座番号」だ

0690 □□□ **超出 预算**
chāochū yùsuàn

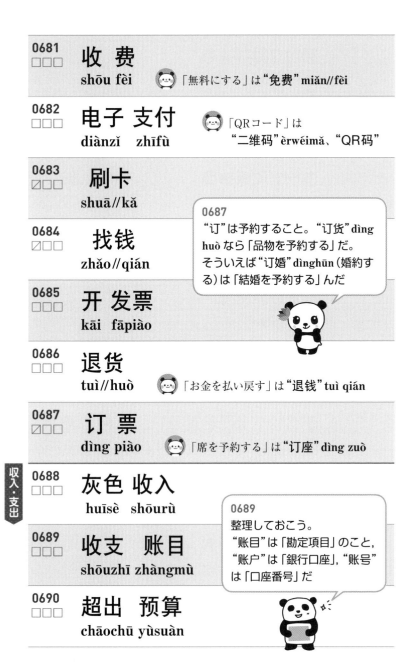

96

0691 □□□ 超過支出 ▶ ＿＿開支
éwài kāizhī

0692 □□□ 節約を呼びかける ▶ ＿＿节约
tíchàng jiéyuē

0693 □□□ 支出を切り詰める ▶ ＿＿开支
jiéshěng kāizhī

資産・利害

0694 □□□ 知的所有権 ▶ ＿＿产权
zhīshi chǎnquán

0695 □□□ 損失を被る ▶ ＿＿损失
shòu sǔnshī

0696 □□□ 土地を転がす ▶ ＿＿地皮
chǎo dìpí

0697 □□□ (値上がり期待で) 土地を遊ばせておく ▶ ＿＿地皮
shài dìpí

0698 □□□ 地価が暴騰する ▶ 地价＿＿
dìjià fēiténg

0699 □□□ 買い手市場 ▶ ＿＿市场
mǎifāng shìchǎng

国家

0700 □□□ 超大国 ▶ ＿＿大国
chāojí dàguó

資産・利害

0691 □□□
额外 开支
éwài kāizhī

0692 □□□
提倡 节约
tíchàng jiéyuē

0693 □□□
节省 开支
jiéshěng kāizhī

0694 □□□
知识 产权
zhīshi chǎnquán

0694
“产权”とは何か。これは“财产权” cáichǎnquán を縮めた言い方で「財産権」のこと。「知識が財産になる権利」と考えているわけだ

0695 □□□
受 损失
shòu sǔnshī

0696 □□□
炒 地皮
chǎo dìpí

0697 □□□
晒 地皮
shài dìpí

0698 □□□
地价 飞腾
dìjià fēiténg

0699 □□□
买方 市场
mǎifāng shìchǎng

「売り手市場」は“卖方市场”màifāng shìchǎng

国家

0700 □□□
超级 大国
chāojí dàguó

0701 □□□ 先進国 ▶ ＿＿国家
fādá guójiā

0702 □□□ 二重国籍 ▶ ＿＿国籍
shuāngchóng guójí

体制・政策

0703 □□□ イデオロギー ▶ 思想＿＿
sīxiǎng tǐxì

0704 □□□ 調和のとれた社会 ▶ ＿＿社会
héxié shèhuì

0705 □□□ 長期計画 ▶ ＿＿规划
chángyuǎn guīhuà

指導者・権力

0706 □□□ 上層部の指導者 ▶ ＿＿领导
gāocéng lǐngdǎo

0707 □□□ 優位を占める ▶ ＿优势
zhàn yōushì

0708 □□□ 中核的な力 ▶ ＿＿力量
héxīn lìliàng

会議

0709 □□□ 会場を設営する ▶ ＿＿会场
bùzhì huìchǎng

0710 □□□ 会議を開く ▶ ＿会
kāi//huì

体制・政策

0701 □□□ 发达 国家
fādá guójiā
“先进 国家”xiānjìn guójiā とも

0702 □□□ 双重 国籍
shuāngchóng guójí

0703 □□□ 思想 体系
sīxiǎng tǐxì

0704 □□□ 和谐 社会
héxié shèhuì

0705 □□□ 长远 规划
chángyuǎn guīhuà

指導者・権力

0706 □□□ 高层 领导
gāocéng lǐngdǎo

0707 □□□ 占 优势
zhàn yōushì

0708 □□□ 核心 力量
héxīn lìliàng

会議

0709 □□□ 布置 会场
bùzhì huìchǎng

0710 □□□ 开会
kāi//huì

0701
ちなみに「発展途上国」のことは“发展中国家”fāzhǎnzhōng guójiā と言うんだ

0705
“规划”はあまり見慣れない言葉だけど，「長期にわたる全面的な発展プラン」のことを言う。“十年规划”shínián guīhuà（10年計画）などと使うよ

0711 □□□ 開会を宣言する ▶ ＿＿＿ 开会
xuānbù kāihuì

0712 □□□ 会議に出る ▶ ＿＿＿ 会议
cānjiā huìyì

0713 □□□ 意見を表明する ▶ ＿＿＿ 意见
biǎodá yìjian

0714 □□□ 意見を求める ▶ ＿＿＿ 意见
zhēngqiú yìjian

0715 □□□ スローガンを叫ぶ ▶ ＿＿ 口号
hǎn kǒuhào

0716 □□□ 大衆の力 ▶ ＿＿＿ 力量
qúnzhòng lìliàng

0717 □□□ 貢献する ▶ ＿＿ 贡献
zuò gòngxiàn

0718 □□□ 革命を行う ▶ ＿＿ 革命
gàn gémìng

0719 □□□ 非合法活動 ▶ ＿＿＿ 活动
fēifǎ huódòng

0720 □□□ 極端に走る ▶ ＿＿ 极端
zǒu jíduān

政治活動

0711 □□□
宣布 开会
xuānbù kāihuì

0712 □□□
参加 会议
cānjiā huìyì

0713 □□□
表达 意见
biǎodá yìjian

0714 □□□
征求 意见
zhēngqiú yìjian

0715 □□□
喊 口号
hǎn kǒuhào

0716 □□□
群众 力量
qúnzhòng lìliàng

0717 □□□
作 贡献
zuò gòngxiàn

0718 □□□
干 革命
gàn gémìng

0719 □□□
非法 活动
fēifǎ huódòng

0720 □□□
走 极端
zǒu jíduān

0715
“喊”は大声で叫ぶことだけど，人間に限られる。“叫”jiào も叫ぶだけど，鳥や獣，虫が鳴く場合も“叫”を使うよ

秩序・基準

0721 □□□ テロリズム ▶ ＿＿ 主义
kǒngbù zhǔyì

0722 □□□ 公共の場 ▶ 公共 ＿＿
gōnggòng chǎnghé

0723 □□□ 規律を守る ▶ ＿＿ 规律
zūnshǒu guīlǜ

0724 □□□ 決まりを破る ▶ ＿＿ 规矩
pò guīju

措置

0725 □□□ 外国製品をボイコットする ▶ ＿＿ 外货
dǐzhì wàihuò

0726 □□□ 状況を見る ▶ ＿＿ 情况
kàn qíngkuàng

0727 □□□ 実際に合う ▶ ＿＿ 实际
fúhé shíjì

0728 □□□ 万難を排する ▶ ＿＿ 万难
páichú wànnán

税・手続き

0729 □□□ 関税をかける ▶ ＿＿ 关税
zhēngshōu guānshuì

0730 □□□ 税金を納める ▶ ＿＿ 税
jiāo shuì

秩序・基準

0721 □□□
恐怖 主义
kǒngbù zhǔyì

0722 □□□
公共 场合
gōnggòng chǎnghé

0723 □□□
遵守 规律
zūnshǒu guīlǜ

0724 □□□
破 规矩
pò guīju

措置

0725 □□□
抵制 外货
dǐzhì wàihuò

0726 □□□
看 情况
kàn qíngkuàng

0727 □□□
符合 实际
fúhé shíjì

0728 □□□
排除 万难
páichú wànnán

税・手続き

0729 □□□
征收 关税
zhēngshōu guānshuì

0730 □□□
交 税
jiāo shuì

0730
「お金を払う」ときは“交”や“付”fù が使われる。“交税”のように税務署や政府機関などに払う時は“交”が使われる。“交学费”jiāo xuéfèi や“交水电费”jiāo shuǐdiànfèi のように。一方，買い物をしてお店の人にお金を払うのは“付钱”fù qián だ

0731 ☐☐☐ 手続きをする ▶ ＿＿手续
bàn shǒuxù

0732 ☐☐☐ 空欄を埋める ▶ ＿＿空儿
tián//kòngr

0733 ☐☐☐ パスポートを取る ▶ ＿＿护照
bàn hùzhào

0734 ☐☐☐ 年度をまたぐ ▶ ＿＿年度
kuà niándù

警察・犯罪

0735 ☐☐☐ 公金を横領する ▶ ＿＿公款
dàoyòng gōngkuǎn

0736 ☐☐☐ 悪事で財を得る ▶ 发＿＿
fā hèngcái

0737 ☐☐☐ 裏取引をする ▶ ＿＿交易
mùhòu jiāoyì

0738 ☐☐☐ 裏工作をする／コネを使う ▶ 走＿＿
zǒu hòumén

0739 ☐☐☐ 警察に通報する ▶ ＿＿警
bào//jǐng

0740 ☐☐☐ 不正や問題にフタをする ▶ ＿＿盖子
wǔ gàizi

0731 ☐☐☐
办 手续
bàn shǒuxù

0732 ☐☐☐
填空儿
tián//kòngr

0733 ☐☐☐
办 护照
bàn hùzhào

「ビザを取る」は“办签证”bàn qiānzhèng

0734 ☐☐☐
跨 年度
kuà niándù

警察・犯罪

0735 ☐☐☐
盗用 公款
dàoyòng gōngkuǎn

0736 ☐☐☐
发 横财
fā hèngcái

0737 ☐☐☐
幕后 交易
mùhòu jiāoyì

0738 ☐☐☐
走 后门
zǒu hòumén

0739 ☐☐☐
报警
bào//jǐng

0740 ☐☐☐
捂 盖子
wǔ gàizi

🔊101

No.	日本語	中国語
0741 □□□	証拠を提出する tígōng zhèngjù	▶提供＿＿
0742 □□□	刑事事件を解決する pò//àn	▶＿案
0743 □□□	泥棒を捕まえる zhuā xiǎotōur	▶＿小偷儿
0744 □□□	ペテンを見抜く shípò piànjú	▶＿＿骗局
0745 □□□	訴訟を起こす dǎ guānsi	▶＿官司
0746 □□□	ネット犯罪 wǎngluò fànzuì	▶＿＿犯罪

事故・危険

No.	日本語	中国語
0747 ☑□□	事故が起こる chū//shì	▶＿事
0748 □□□	予想外のことが起こる fāshēng yìwài	▶发生＿＿
0749 □□□	消火する jiù//huǒ	▶＿火

国際関係

No.	日本語	中国語
0750 □□□	国交を回復する huīfù bāngjiāo	▶＿＿邦交

基礎　自然　人体　人間　個人　人間関係　日常生活　仕事　経済　政治/行政　居住　移動　通信　科学技術　環境　教育/文化

0741 □□□ 提供 证据
tígōng zhèngjù

0742 □□□ 破案
pò//àn

0743 □□□ 抓 小偷儿
zhuā xiǎotōur

0744 □□□ 识破 骗局
shípò piànjú

"看破骗局" kànpò piànjú とも

0745 □□□ 打 官司
dǎ guānsi

0746 □□□ 网络 犯罪
wǎngluò fànzuì

事故・危険

0747 ☑□□ 出事
chū//shì

0748 □□□ 发生 意外
fāshēng yìwài

0749 □□□ 救火
jiù//huǒ

国際関係

0750 □□□ 恢复 邦交
huīfù bāngjiāo

0742
「破ると喜ばれるものは何?」というクイズがある。普通は破ったり壊したりすると喜ばれはしない。この答えは"破案"ということから"案子"ànzi(刑事事件)さ

0749
"救火"って字面をみると「火を救う」だ。これは火の中から人や物を救い出し, 消火活動をすることを言うんだ。他にも"养病"yǎng bìng(病気療養する)や"恢复疲劳"huīfù píláo(疲労回復)など, 変わった表現があるよ

102

0751 □□□ 共同声明 ▶ ……… 声明
liánhé shēngmíng

0752 □□□ 国際情勢 ▶ 国际 ………
guójì xíngshì

0753 □□□ 外交ルート ▶ 外交 ………
wàijiāo tújìng

武器・戦争

0754 □□□ ステルス機 ▶ ……… 飞机
yǐnxíng fēijī

0755 □□□ 警戒を強める ▶ ……… 警惕
tígāo jǐngtì

0756 □□□ 祖国を防衛する ▶ ……… 祖国
bǎowèi zǔguó

0757 □□□ 非常事態／緊急事態 ▶ ……… 状态
jǐnjí zhuàngtài

0758 □□□ 退路を断つ ▶ ……… 退路
duàn tuìlù

都市・農村

0759 □□□ 都市住民 ▶ ……… 居民
chéngshì jūmín

0760 □□□ 都市と農村の格差 ▶ ……… 差别
chéngxiāng chābié

0751 □□□ 联合 声明
liánhé shēngmíng

0752 □□□ 国际 形势
guójì xíngshì

0753 □□□ 外交 途径
wàijiāo tújìng

武器・戦争

0754 □□□ 隐形 飞机
yǐnxíng fēijī

0755 □□□ 提高 警惕
tígāo jǐngtì

0756 □□□ 保卫 祖国
bǎowèi zǔguó

0757 □□□ 紧急 状态
jǐnjí zhuàngtài

0758 □□□ 断 退路
duàn tuìlù

0759
“城市”は「都市」だけど，“城”の字が出てくるところが面白い。中国の都市はかつて城壁で囲まれていたんだ。今でもその名残があるよ

都市・農村

0759 □□□ 城市 居民
chéngshì jūmín

「都市戸籍」は“城市户口”chéngshì hùkǒu

0760 □□□ 城乡 差别
chéngxiāng chābié

0761 □□□ 都会へ行く ▶ ……城
jìn chéng

0762 ☑□□ 街へ行く ▶ ……街
shàng jiē

0763 □□□ 多くの群衆 ▶ ……群众
guǎngdà qúnzhòng

0764 ☑□□ 列を作る ▶ ……队
pái//duì

0765 □□□ 田舎へ行く ▶ ……乡
xià//xiāng

0766 ☑□□ 野菜を作る ▶ ……菜
zhòng cài

建設

0767 □□□ インフラ ▶ ……设施
jīchǔ shèshī

0768 □□□ 高速道路 ▶ 高速……
gāosù gōnglù

0769 □□□ 交通手段 ▶ 交通……
jiāotōng gōngjù

0770 □□□ 交通の便が良い ▶ 交通……
jiāotōng fāngbiàn

0761 □□□ **进 城** jìn chéng

0762 ☑□□ **上 街** shàng jiē

0763 □□□ **广大 群众** guǎngdà qúnzhòng

0764 ☑□□ **排队** pái//duì

0765 □□□ **下乡** xià//xiāng

0766 ☑□□ **种 菜** zhòng cài

> 0761
> 都市へは城門を通って入ってゆくので“进城”というわけだ。最近，周りの農村から都会へ出稼ぎなどにゆくことをこう言う

建設

0767 □□□ **基础 设施** jīchǔ shèshī

0768 □□□ **高速 公路** gāosù gōnglù

0769 □□□ **交通 工具** jiāotōng gōngjù

0770 □□□ **交通 方便** jiāotōng fāngbiàn

> 0767
> 日本語は「施設」だけど中国語は“设施”で逆だね。他にも「言語」は“语言”yǔyán だし，
> 「段階」は“阶段”jiēduàn だし，
> 「草花」は“花草”huācǎo とか，
> そうそう「紹介」は“介绍”jièshào で，「平和」は“和平”hépíng だ

0771 □□□	橋をかける jià qiáo	▶ ……… 桥
0772 □□□	鉄道を敷く pū tiělù	▶ ……… 铁路
0773 □□□	ダムを作る xiū shuǐkù	▶ ……… 水库
0774 ☐□□	家を建てる gài fángzi	▶ ……… 房子
0775 □□□	小屋を作る dā péngzi	▶ ……… 棚子
0776 □□□	手抜き工事 dòufuzhā gōngchéng	▶ ……………… 工程
0777 □□□	家を取り壊す chāi fángzi	▶ ……… 房子
0778 □□□	インテリジェントビル zhìnéng dàlóu	▶ …………… 大楼
0779 □□□	デパート bǎihuò shāngchǎng	▶ …………… 商场
0780 □□□	スーパーマーケット chāojí shìchǎng	▶ …………… 市场

0771 □□□ **架桥**
jià qiáo
“搭桥”dā qiáo とも

0772 □□□ **铺 铁路**
pū tiělù
“修铁路”xiū tiělù とも

0773 □□□ **修 水库**
xiū shuǐkù

0774 ☑□□ **盖 房子**
gài fángzi

0775 □□□ **搭 棚子**
dā péngzi

0776 □□□ **豆腐渣 工程**
dòufuzhā gōngchéng

0777 □□□ **拆 房子**
chāi fángzi

0778 □□□ **智能 大楼**
zhìnéng dàlóu

0779 □□□ **百货 商场**
bǎihuò shāngchǎng

0780 □□□ **超级 市场**
chāojí shìchǎng
略して“超市”chāoshì とも

0771
「橋をかける」ことは“搭桥”とも言う。これはまた「橋渡しをする」とか「仲立ちをする」意味でも使われるし，さらに「心臓のバイパス手術をする」という意味もあるんだ

0773
“水库”とは「ダム」のこと。
“车库”chēkù は「車庫」，
“金库”jīnkù は「金庫」，
“书库”shūkù は「書庫」，
このあたりはわかるけど，
“水库”や“血库”xuèkù（血液センター）には感心するね

105

移動

No.	日本語	中国語
0781 □□□	公衆トイレ gōnggòng cèsuǒ	▶ ……… 厕所
0782 ☑□□	飛行機に乗る zuò fēijī	▶ ……飞机
0783 □□□	現地時間 dāngdì shíjiān	▶ ……… 时间
0784 □□□	時差ボケ shíchā fǎnyìng	▶ ……… 反应
0785 □□□	ラッシュアワー／ピーク時 gāofēng shíjiān	▶ ……… 时间
0786 □□□	乗車カード （公共交通機関の運賃支払用カード） chǔzhí chēpiào	▶ ……… 车票
0787 □□□	タクシーを呼ぶ jiào chūzūchē	▶ …… 出租车
0788 ☑□□	タクシーに乗る dǎ//dī	▶ ……的
0789 □□□	乗車する shàng chē	▶ …… 车
0790 ☑□□	車を運転する kāi//chē	▶ ……车

移動

0781 □□□ 公共 厕所
gōnggòng cèsuǒ

0782 ☑□□ 坐 飞机
zuò fēijī

0783 □□□ 当地 时间
dāngdì shíjiān

0784 □□□ 时差 反应
shíchā fǎnyìng

0785 □□□ 高峰 时间
gāofēng shíjiān

0786 □□□ 储值 车票
chǔzhí chēpiào

0787 □□□ 叫 出租车
jiào chūzūchē

0788 ☑□□ 打的
dǎ//dī

0789 □□□ 上 车
shàng chē

0790 ☑□□ 开车
kāi//chē

0788
“打的”の“的”は“的士”díshì(タクシー)のことだよ。でも今はdǎ//dīと後ろの“的”を第1声で発音するよ

0791 ☑☐☐	自動車やバスなどに乗る zuò chē	▶ ……… 车
0792 ☐☐☐	下車する xià chē	▶ ……… 车
0793 ☐☐☐	車がぶつかる zhuàng//chē	▶ ……… 车
0794 ☑☐☐	乗り換えをする huàn//chē	▶ ……… 车
0795 ☐☐☐	(列車などが) 延着する wù//diǎn	▶ ……… 点
0796 ☑☐☐	自転車 (バイク) に乗る qí chē	▶ ……… 车
0797 ☐☐☐	空気を入れる dǎ//qì	▶ ……… 气
0798 ☐☐☐	舟を漕ぐ huá chuán	▶ ……… 船
0799 ☑☐☐	大通りを横切る chuān mǎlù	▶ ……… 马路
0800 ☐☐☐	カーブを曲がる／(思考や話題を) 切り替える guǎi//wān	▶ ……… 弯

0791 ☑□□ **坐 车**
zuò chē

0792 □□□ **下 车**
xià chē

0793 □□□ **撞车**
zhuàng//chē

0794 ☑□□ **换车**
huàn//chē

口語で“倒车”dǎo//chē とも

0794
「乗り換える」は“倒车”dǎochē とも言うよ。「電車などを乗り換える」ことだ。でも“倒车”dàochē という言い方もある。“倒”の声調が違うよ。こうなると「車をバックする」の意味だ

0795 □□□ **误点**
wù//diǎn

0796 ☑□□ **骑 车**
qí chē

0797 □□□ **打气**
dǎ//qì

0798 □□□ **划 船**
huá chuán

0799 ☑□□ **穿 马路**
chuān mǎlù

0800 □□□ **拐弯**
guǎi//wān

✤いろいろな“瓜”—— シリーズ (7)

🔊107

丝瓜 sīguā
黄瓜 huánggua
冬瓜 dōngguā
西瓜 xīguā
いろいろな
“瓜”
哈密瓜 hāmìguā
苦瓜 kǔguā
南瓜 nánguā
傻瓜 shǎguā

曼荼羅単語帳 ⑮

❖いろいろな“酒”—— シリーズ (8)

🔊108

汾酒 fénjiǔ
茅台酒 máotáijiǔ
葡萄酒 pútáojiǔ
啤酒 píjiǔ
いろいろな
“酒”
鸡尾酒 jīwěijiǔ
老酒 lǎojiǔ
白酒 báijiǔ
香槟酒
xiāngbīnjiǔ

曼荼羅単語帳 ⑯

0801 □□□ 橋を渡る ▶ ……桥
guò qiáo

0802 □□□ 歩みを速める ▶ ……脚步
jiākuài jiǎobù

0803 □□□ 赤信号を突っ切る ▶ ……红灯
chuǎng hóngdēng

0804 ☐□□ 階下へ降りる ▶ ……楼
xià lóu

0805 □□□ 近道をする ▶ ……近路
chāo jìnlù

0806 □□□ わきに寄る ▶ ……边儿
kào//biānr

0807 □□□ 距離を開ける／引き離す ▶ ……距离
lākāi jùlí

0808 □□□ 道を尋ねる ▶ ……路
wèn lù

0809 ☐□□ 地図を描く ▶ ……地图
huà dìtú

0810 □□□ 道案内をする ▶ ……路
dài//lù

0801 □□□ 过 桥
guò qiáo

0802 □□□ 加快 脚步
jiākuài jiǎobù

0803 □□□ 闯 红灯
chuǎng hóngdēng

0804 ☑□□ 下 楼
xià lóu

0805 □□□ 抄 近路
chāo jìnlù

0806 □□□ 靠边儿
kào//biānr

0807 □□□ 拉开 距离
lākāi jùlí

0808 □□□ 问 路
wèn lù

0809 ☑□□ 画 地图
huà dìtú

0810 □□□ 带路
dài//lù

0803
“闯”という字はすごいね。
ボクはこの字を見ると，馬の背に乗り家の門を出てゆく若者を想像してしまう。“闯世界”chuǎng shìjiè というと「広い世の中に一人飛び出してゆくこと」だ

交通機関

0811 □□□	道に迷う mí//lù	▶ ……路
0812 □□□	方向を見失う míshī fāngxiàng	▶ ……方向
0813 □□□	行方不明 xiàluò bùmíng	▶ ……不明
0814 □□□	女性キャビンアテンダント kōngzhōng xiǎojiě	▶ ……小姐
0815 □□□	長距離バス chángtú qìchē	▶ ……汽车
0816 □□□	路線バス gōnggòng qìchē	▶ ……汽车
0817 □□□	カーシェアリング gòngxiǎng qìchē	▶ ……汽车

宿泊・旅行

0818 ☑□□	ホテルに泊まる zhù fàndiàn	▶ ……饭店
0819 □□□	チェックイン zhùsù dēngjì	▶ ……登记
0820 □□□	シングルルーム dānrén fángjiān	▶ ……房间

0811 □□□ **迷路**
mí//lù

0812 □□□ **迷失 方向**
míshī fāngxiàng

0813 □□□ **下落 不明**
xiàluò bùmíng

0814 □□□ **空中 小姐**
kōngzhōng xiǎojiě
「客室乗務員」は“空中乗务员”kōngzhōng chéngwùyuán、“空服员”kōngfúyuán など

0815 □□□ **长途 汽车**
chángtú qìchē

0816 □□□ **公共 汽车**
gōnggòng qìchē
“公交车”gōngjiāochē とも

0817 □□□ **共享 汽车**
gòngxiǎng qìchē

0818 ☐□□ **住 饭店**
zhù fàndiàn

0819 □□□ **住宿 登记**
zhùsù dēngjì

0820 □□□ **单人 房间**
dānrén fángjiān
「ツインルーム」は“双人房间”shuāngrén fángjiān

0820
「ダブルベッド」は“双人床”shuāngrénchuáng だ。“单”の反対は“双”。
“单数”dānshù（奇数）と“双数”shuāngshù（偶数）もそうだね

111

電話

0821 ☑□□
荷物を預ける ▶ ____ 行李
cún xíngli

0822 ☑□□
チェックアウトをする ▶ ____ 房
tuì fáng

0823 □□□
温泉に浸かる ▶ ____ 温泉
pào wēnquán

0824 □□□
旅行案内 ▶ 旅游 ____
lǚyóu zhǐnán

0825 □□□
公衆電話 ▶ ____ 电话
gōngyòng diànhuà

0826 □□□
スマートフォン ▶ ____ 手机
zhìnéng shǒujī

0827 □□□
電話番号 ▶ 电话 ____
diànhuà hàomǎ

0828 □□□
電話を取り付ける ▶ ____ 电话
zhuāng diànhuà

0829 ☑□□
電話をかける ▶ ____ 电话
dǎ diànhuà

0830 ☑□□
電話に出る ▶ ____ 电话
jiē diànhuà

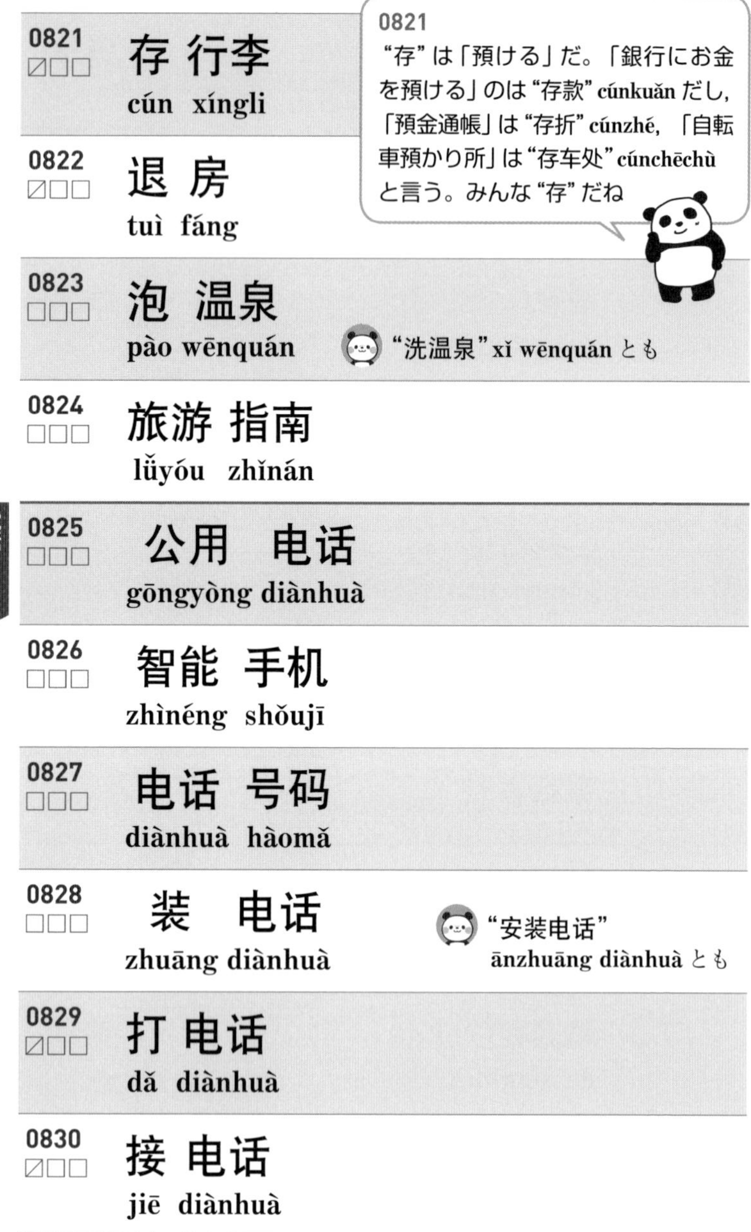

0821 ☑□□
存 行李
cún xíngli

0822 ☑□□
退 房
tuì fáng

0821
"存"は「預ける」だ。「銀行にお金を預ける」のは"存款" cúnkuǎn だし，「預金通帳」は"存折" cúnzhé，「自転車預かり所」は"存车处" cúnchēchù と言う。みんな"存"だね

0823 □□□
泡 温泉
pào wēnquán
"洗温泉" xǐ wēnquán とも

0824 □□□
旅游 指南
lǚyóu zhǐnán

電話

0825 □□□
公用 电话
gōngyòng diànhuà

0826 □□□
智能 手机
zhìnéng shǒujī

0827 □□□
电话 号码
diànhuà hàomǎ

0828 □□□
装 电话
zhuāng diànhuà
"安装电话" ānzhuāng diànhuà とも

0829 ☑□□
打 电话
dǎ diànhuà

0830 ☑□□
接 电话
jiē diànhuà

112

0831 □□□
電話を折り返す ▶ ……电话
huí diànhuà

0832 □□□
電話を切る ▶ ……电话
guà diànhuà

0833 ⧄□□
携帯電話を切る ▶ ……手机
guān shǒujī

0834 ⧄□□
ファックスを送る ▶ ……传真
fā chuánzhēn

0835 □□□
郵便番号 ▶ 邮政……
yóuzhèng biānmǎ

0836 □□□
切手を貼る ▶ ……邮票
tiē yóupiào

0837 ⧄□□
手紙を出す ▶ ……信
jì xìn

0838 □□□
伝言をことづける ▶ ……信儿
shāo xìnr

0839 □□□
手紙の封を切る ▶ ……信
chāi xìn

0840 □□□
e メールを送る ▶ ……邮件
fā yóujiàn

手紙・メール

0831 □□□
回 电话
huí diànhuà

0832 □□□
挂 电话
guà diànhuà

0833 ☑□□
关 手机
guān shǒujī

0834 ☑□□
发 传真
fā chuánzhēn

0835 □□□
邮政 编码
yóuzhèng biānmǎ

0836 □□□
贴 邮票
tiē yóupiào

0837 ☑□□
寄 信
jì xìn

0838 □□□
捎 信儿
shāo xìnr

0839 □□□
拆 信
chāi xìn

0840 □□□
发 邮件
fā yóujiàn

0837, 0838
ポストに投函して出すの は“信”（手紙）だけど，これが“信儿”xìnr とアル化すると「伝言」「ことづて」の意味になるよ

「eメール」は“电子邮件”diànzǐ yóujiàn とも

技術・学術

0841 □□□ メールボックス ▶电子……
diànzǐ xìnxiāng

0842 □□□ 通知を出す ▶……通知
fā tōngzhī

0843 □□□ 先端技術 ▶……技术
jiānduān jìshù

0844 □□□ 技術を導入する ▶……技术
yǐnjìn jìshù

0845 □□□ 遺伝子工学 ▶……工程
jīyīn gōngchéng

0846 □□□ バイオテクノロジー ▶……工程
shēngwù gōngchéng

0847 □□□ イノベーション ▶技术……
jìshù géxīn

0848 □□□ 国家基準 ▶国家……
guójiā biāozhǔn

0849 □□□ 国際レベル ▶国际……
guójì shuǐpíng

情報

0850 □□□ ネットに接続する ▶……网
shàng//wǎng

技術・学術

0841 □□□ 电子 信箱
diànzǐ xìnxiāng

0842 □□□ 发 通知
fā tōngzhī

0843 □□□ 尖端 技术
jiānduān jìshù

0844 □□□ 引进 技术
yǐnjìn jìshù

0845 □□□ 基因 工程
jīyīn gōngchéng

0846 □□□ 生物 工程
shēngwù gōngchéng

0847 □□□ 技术 革新
jìshù géxīn

0848 □□□ 国家 标准
guójiā biāozhǔn

0849 □□□ 国际 水平
guójì shuǐpíng

情報

0850 ☑□□ 上网
shàng//wǎng

0840, 0841
“邮件”は「郵便物」，“信箱”は「郵便受け」の意味だ。本来の意味を生かした外来語への転換が柔軟だね

0845
“基因”は英語の gene（遺伝子）を訳したものだけど，音も似ているし，意味も「基になる因素」でバッチリ。こういう外来語摂取が一番ね

114

0851 □□□	ソフトウエアをインストールする ānzhuāng ruǎnjiàn	▶安装 ______
0852 □□□	アプリをインストールする ānzhuāng yìngyòng	▶安装 ______
0853 □□□	動画をアップロードする shàngchuán shìpín	▶______ 视频
0854 □□□	データをダウンロードする xiàzài shùjù	▶______ 数据
0855 □□□	ソーシャルネットワーク shèhuì wǎngluò	▶______ 网络
0856 □□□	コンピューターウイルス diànnǎo bìngdú	▶电脑 ______
0857 □□□	ノートパソコン bǐjìběn diànnǎo	▶______ 电脑
0858 □□□	人工知能、AI réngōng zhìnéng	▶人工 ______
0859 □□□	作用する qǐ zuòyòng	▶___ 作用
0860 □□□	ポジティブな作用 jījí zuòyòng	▶______ 作用

0851 □□□ 安装 软件
ānzhuāng ruǎnjiàn

0852 □□□ 安装 应用
ānzhuāng yìngyòng

"安装 APP"とも

0853 □□□ 上传 视频
shàngchuán shìpín

0854 □□□ 下载 数据
xiàzài shùjù

0855 □□□ 社会 网络
shèhuì wǎngluò

0856 □□□ 电脑 病毒
diànnǎo bìngdú

0852
"应用"は動詞・形容詞だけれど，最近は日本語の「アプリ」のように使うよ。ちなみに"应用程序" yìngyòng chéngxù は「アプリケーションプログラム」，"应用软件" yìngyòng ruǎnjiàn は「アプリケーションソフト」の意味だよ

0857 □□□ 笔记本 电脑
bǐjìběn diànnǎo

0858 □□□ 人工 智能
réngōng zhìnéng

要因・結果

0859 □□□ 起 作用
qǐ zuòyòng

0860 □□□ 积极 作用
jījí zuòyòng

0861 □□□ 望ましくない結果 ▶ ＿＿ 后果
bùliáng hòuguǒ

0862 □□□ マイナス効果 ▶ ＿＿ 效果
fùmiàn xiàoguǒ

0863 □□□ 関係がない／かまわない ▶ ＿＿ 关系
méiyou guānxi

エネルギー

0864 □□□ エネルギー危機 ▶ ＿＿ 危机
néngyuán wēijī

0865 □□□ レアメタル ▶ ＿＿ 金属
xīyǒu jīnshǔ

環境関連

0866 □□□ 森林を守る ▶ ＿＿ 森林
bǎohù sēnlín

0867 □□□ 大気の質 ▶ 空气 ＿＿
kōngqì zhìliàng

0868 □□□ 工業廃水 ▶ 工业 ＿＿
gōngyè fèishuǐ

0869 □□□ 発泡スチロールなどのゴミ ▶ ＿＿ 垃圾
báisè lājī

0870 □□□ 劣悪な環境 ▶ ＿＿ 环境
èliè huánjìng

0861 □□□ **不良 后果**
bùliáng hòuguǒ

0862 □□□ **负面 效果**
fùmiàn xiàoguǒ

0863 □□□ **没有 关系**
méiyou guānxi

エネルギー

0864 □□□ **能源 危机**
néngyuán wēijī

0865 □□□ **稀有 金属**
xīyǒu jīnshǔ

環境関連

0866 □□□ **保护 森林**
bǎohù sēnlín

0867 □□□ **空气 质量**
kōngqì zhìliàng

0868 □□□ **工业 废水**
gōngyè fèishuǐ

0869 □□□ **白色 垃圾**
báisè lājī

0870 □□□ **恶劣 环境**
èliè huánjìng

0861
“后果”を「結果」と訳したけれど，この「結果」は悪い場合が多いね。例えば“严重的后果”yánzhòng de hòuguǒ（重大な結果）などと言う

0865
“稀有”は「稀にしかない」という意味で，これは「レアメタル」。“稀有气体”xīyǒu qìtǐ と言ったら「ネオン，クリプトン，キセノン」といった気体の「レアガス」だね。「レアアース」は“稀土”xītǔ と言うよ

116

教育

0871 □□□
大学を受験する ▶ ＿＿大学
kǎo dàxué

0872 □□□
大学に入る ▶ ＿＿大学
shàng dàxué

0873 □□□
大学を卒業する ▶ 大学＿＿
dàxué bìyè

0874 □□□
名門校 ▶ ＿＿学校
míngpái xuéxiào

0875 □□□
学校がひける ▶ ＿＿学
fàng//xué

0876 □□□
博士課程の指導教官 ▶ 博士生＿＿
bóshìshēng dǎoshī

0877 □□□
先生になる／先生をする ▶ ＿＿老师
dāng lǎoshī

0878 □□□
教師陣 ▶ 教师＿＿
jiàoshī duìwu

授業・学習

0879 □□□
授業をする ▶ ＿＿课
jiǎng//kè

0880 □□□
授業に出る／授業をする ▶ ＿＿课
shàng//kè

教育

0871 ☑☐☐ **考 大学**
kǎo dàxué

0872 ☐☐☐ **上 大学**
shàng dàxué

0873 ☑☐☐ **大学 毕业**
dàxué bìyè

0874 ☐☐☐ **名牌 学校**
míngpái xuéxiào

0875 ☑☐☐ **放学**
fàng//xué

0876 ☐☐☐ **博士生 导师**
bóshìshēng dǎoshī

略して“博导”bódǎo とも

0877 ☐☐☐ **当 老师**
dāng lǎoshī

0878 ☐☐☐ **教师 队伍**
jiàoshī duìwu

授業・学習

0879 ☐☐☐ **讲课**
jiǎng//kè

0880 ☑☐☐ **上课**
shàng//kè

0880
“上课”は「授業に出る」ことでもあり，また先生が「授業をする」ことでもある。“看病”kàn bìngは患者が「診察してもらう」ことでもあり，医師が「診察する」ことでもある。“理发”lǐfà は「髪を切ってもらう」ことでもあり，床屋さんが「お客の髪を切る」ことでもある。サービスをする人とそれを受ける人がいる，そういう場合に見られる現象だよ

0881 ☑□□ 授業を受ける ▶ ……课
tīng//kè

0882 ☑□□ 授業が終わる ▶ ……课
xià//kè

0883 □□□ 一生懸命に勉強する ▶ …………学习
kèkǔ xuéxí

0884 □□□ 言うことをよく聞く ▶ ……话
tīng//huà

0885 □□□ 教科書を開く ▶ …………课本
dǎkāi kèběn

0886 ☑□□ 辞書を引く ▶ ……词典
chá cídiǎn

0887 □□□ ページをめくる ▶ ……书页
fān shūyè

0888 □□□ 手を挙げる ▶ ……手
jǔ shǒu

0889 ☑□□ 黒板を消す ▶ ……黑板
cā hēibǎn

0890 ☑□□ ノートをとる ▶ ……笔记
jì bǐjì

0881 ☑□□ **听课** tīng//kè

0882 ☑□□ **下课** xià//kè

0883 □□□ **刻苦 学习** kèkǔ xuéxí

0884 □□□ **听话** tīng//huà

0885 □□□ **打开 课本** dǎkāi kèběn

0886 ☑□□ **查 词典** chá cídiǎn

0887 □□□ **翻 书页** fān shūyè

0888 □□□ **举 手** jǔ shǒu

0889 ☑□□ **擦 黑板** cā hēibǎn

0890 ☑□□ **记 笔记** jì bǐjì

0889
「黒板を消す」と言うが，マジックじゃあるまいし，黒板は消せない。「黒板に書かれた文字を消す」のである。“擦黑板”も「黒板の字をこすって消す」のである。このような比喩を「メトニミー」という。現実世界のなかの隣接関係に基づく意味変化である。“吃火锅”chī huǒguō なども そうで，「鍋を食べる」のではなく，「鍋の中の野菜や肉を食べる」んだ

0891 □□□	ノートを写す chāo bǐjì	▶ ……笔记
0892 ☐□□	質問する wèn wèntí	▶ ……问题
0893 □□□	質問に答える huídá wèntí	▶ ……问题
0894 □□□	正解 zhèngquè dá'àn	▶ ……答案
0895 □□□	例を挙げて説明する jǔlì shuōmíng	▶ ……说明
0896 □□□	文章を暗誦する bèisòng wénzhāng	▶ ……文章
0897 □□□	発音を直す jiūzhèng fāyīn	▶ ……发音
0898 □□□	新出単語を聞いて書き取る tīngxiě shēngcí	▶ ……生词
0899 □□□	勉学に励む yònggōng dúshū	▶ ……读书
0900 □□□	学習・運動・道徳が優れている生徒 sānhǎo xuésheng	▶ ……学生

0891 □□□
抄 笔记
chāo bǐjì

0892 ◩□□
问 问题
wèn wèntí

0893 □□□
回答 问题
huídá wèntí

0894 □□□
正确 答案
zhèngquè dá'àn

0895 □□□
举例 说明
jǔlì shuōmíng

0896 □□□
背诵 文章
bèisòng wénzhāng

0897 □□□
纠正 发音
jiūzhèng fāyīn

0898 □□□
听写 生词
tīngxiě shēngcí

0899 □□□
用功 读书
yònggōng dúshū

0900 □□□
三好 学生
sānhǎo xuésheng

0901 ☑□□	宿題を出す liú zuòyè	▶ ＿＿ 作业
0902 ☑□□	宿題をする xiě zuòyè	▶ ＿＿ 作业
0903 □□□	宿題や予習復習をする zuò gōngkè	▶ ＿＿ 功课
0904 □□□	宿題を提出する jiāo zuòyè	▶ ＿＿ 作业
0905 ☑□□	本文を暗記する bèi kèwén	▶ ＿＿ 课文
0906 □□□	単語を覚える jì dāncí	▶ ＿＿ 单词
0907 □□□	試験の準備をする zhǔnbèi kǎoshì	▶ ＿＿ 考试
0908 □□□	カンニングをする kǎoshì zuòbì	▶ 考试 ＿＿
0909 □□□	答案を集める shōu kǎojuàn	▶ ＿＿ 考卷
0910 □□□	答案を採点する pàn juànzi	▶ ＿＿ 卷子

0901 ☐☐☐ 留 作业
liú zuòyè

0902 ☐☐☐ 写 作业
xiě zuòyè

0903 ☐☐☐ 做 功课
zuò gōngkè

0904 ☐☐☐ 交 作业
jiāo zuòyè

0905 ☐☐☐ 背 课文
bèi kèwén

0906 ☐☐☐ 记 单词
jì dāncí

0907 ☐☐☐ 准备 考试
zhǔnbèi kǎoshì

0908 ☐☐☐ 考试 作弊
kǎoshì zuòbì

0909 ☐☐☐ 收 考卷
shōu kǎojuàn

0910 ☐☐☐ 判 卷子
pàn juànzi

0910
中国でも試験の採点は，一つ一つ赤ペンでチェックする。そのとき，正しいものには✓のマークをつける。日本だとこればバツの意味だが，中国では正しいという意味になる。そして中国でのバツはズバリ×である

0911 □□□ 答案を採点する ▶ ______ 卷子
pī juànzi

0912 □□□ 満点をつける ▶ ______ 满分
dǎ mǎnfēn

0913 □□□ 満点をとる ▶ ______ 满分
dé mǎnfēn

0914 □□□ 零点をとる ▶ 吃 ______
chī yādàn

0915 □□□ 英語の追試を受ける ▶ ______ 英文
bǔkǎo Yīngwén

0916 □□□ 模範解答 ▶ ______ 答案
biāozhǔn dá'àn

0917 □□□ 知能測定テスト ▶ ______ 测验
zhìlì cèyàn

0918 □□□ 学位をとるべく学ぶ ▶ ______ 学位
gōngdú xuéwèi

0919 □□□ 原文と照らし合わせる ▶ ______ 原文
duìzhào yuánwén

0920 □□□ 資料を調べる ▶ ______ 资料
chá zīliào

0911 □□□ 批 卷子

pī juànzi

"改卷子"gǎi juànzi とも

0912 □□□ 打 满分

dǎ mǎnfēn

0913 □□□ 得 满分

dé mǎnfēn

0914 □□□ 吃 鸭蛋

chī yādàn

"得零分"dé língfēn とも

0915 □□□ 补考 英文

bǔkǎo Yīngwén

0916 □□□ 标准 答案

biāozhǔn dá'àn

0917 □□□ 智力 测验

zhìlì cèyàn

0918 □□□ 攻读 学位

gōngdú xuéwèi

0919 □□□ 对照 原文

duìzhào yuánwén

0920 □□□ 查 资料

chá zīliào

0921 □□□ 研究に没頭する ▶ ＿＿ 研究
máitóu yánjiū

0922 □□□ 論文の口頭試問 ▶ 论文 ＿＿
lùnwén dábiàn

0923 □□□ 学術論争 ▶ 学术 ＿＿
xuéshù zhēnglùn

0924 □□□ 学業を修了する ▶ ＿＿ 学业
wánchéng xuéyè

0925 □□□ 最終学歴 ▶ ＿＿ 学历
zuìgāo xuélì

0926 □□□ 学歴をかたる、学歴詐称 ▶ ＿＿ 学历
wěizào xuélì

0927 □□□ 学問をひけらかす ▶ ＿＿ 学问
màinong xuéwen

0928 □□□ 本にかじりつく／知識ばかりあって役に立たない ▶ ＿＿ 书本
kěn shūběn

0929 □□□ 詰め込み式教育 ▶ ＿＿ 教育
tiányāshì jiàoyù

0930 □□□ 教訓を汲み取る ▶ ＿＿ 教训
xīqǔ jiàoxun

0921 □□□ 埋头 研究
máitóu yánjiū

0922 □□□ 论文 答辩
lùnwén dábiàn

0923 □□□ 学术 争论
xuéshù zhēnglùn

0924 □□□ 完成 学业
wánchéng xuéyè

0925 □□□ 最高 学历
zuìgāo xuélì

0926 □□□ 伪造 学历
wěizào xuélì

0927 □□□ 卖弄 学问
màinong xuéwen

0928 □□□ 啃 书本
kěn shūběn

0929 □□□ 填鸭式 教育
tiányāshì jiàoyù

0930 □□□ 吸取 教训
xīqǔ jiàoxun

0931 □□□ 学習の成果、学習後の感想 ▶学习 ……
xuéxí xīndé

0932 □□□ 新入生を募集する ▶…… 新生
zhāo xīnshēng

0933 □□□ 留学生を受け入れる ▶…… 留学生
jiēshòu liúxuéshēng

0934 □□□ 合格者名簿 ▶…… 名单
lùqǔ míngdān

0935 ☑□□ 夏休みになる ▶…… 暑假
fàng shǔjià

0936 □□□ 休暇が終わる ▶假期 ……
jiàqī jiéshù

0937 □□□ シンポジウム ▶…… 讨论会
xuéshù tǎolùnhuì

0938 □□□ 論文を発表する ▶…… 论文
xuāndú lùnwén

0939 □□□ 報告する ▶…… 报告
zuò bàogào

0940 □□□ 卒業式 ▶毕业 ……
bìyè diǎnlǐ

行事・規則

0931 □□□ 学习 心得
xuéxí xīndé

0932 □□□ 招 新生
zhāo xīnshēng

0933 □□□ 接受 留学生
jiēshòu liúxuéshēng

0934 □□□ 录取 名单
lùqǔ míngdān

0935 □□□ 放 暑假
fàng shǔjià

0936 □□□ 假期 结束
jiàqī jiéshù

0937 □□□ 学术 讨论会
xuéshù tǎolùnhuì

0938 □□□ 宣读 论文
xuāndú lùnwén

0939 □□□ 作 报告
zuò bàogào

0940 □□□ 毕业 典礼
bìyè diǎnlǐ

0938
よく学会などで手元の論文を読み上げるが，それが“宣读论文”だ。もちろん“发表论文”fābiǎo lùnwén という言い方もあるが，こちらは学会誌などに論文を掲載することを指す

0941 □□□ 校章を付ける ▶ ……校徽
dài xiàohuī

0942 □□□ 学生心得 ▶ 学生……
xuésheng xūzhī

教材・文具

0943 □□□ 課外読み物 ▶ ……读物
kèwài dúwù

0944 □□□ 鉛筆を削る ▶ ……铅笔
xiāo qiānbǐ

0945 □□□ 色鉛筆 ▶ ……铅笔
cǎisè qiānbǐ

0946 □□□ 百科事典 ▶ 百科……
bǎikē quánshū

0947 □□□ 電子ブック ▶ 电子……
diànzǐ túshū

書籍・編集

0948 □□□ 定期刊行物 ▶ 定期……
dìngqī kānwù

0949 □□□ ポルノ雑誌 ▶ ……书刊
huángsè shūkān

0950 □□□ 雑誌を編集する ▶ ……杂志
biān zázhì

教材・文具

0941 □□□
戴 校徽
dài xiàohuī

0942 □□□
学生 须知
xuésheng xūzhī

0943 □□□
课外 读物
kèwài dúwù

0944 □□□
削 铅笔
xiāo qiānbǐ

0945 □□□
彩色 铅笔
cǎisè qiānbǐ

0946 □□□
百科 全书
bǎikē quánshū

0947 □□□
电子 图书
diànzǐ túshū

書籍・編集

0948 □□□
定期 刊物
dìngqī kānwù

0949 □□□
黄色 书刊
huángsè shūkān

0950 □□□
编 杂志
biān zázhì

0946
「字」を解説する辞典を中国では“字典”zìdiǎnと言う。《新华字典》Xīnhuá zìdiǎnが有名だ。「単語」を解説する辞書は“词典” cídiǎnと言う。《英汉词典》Yīng Hàn cídiǎnなどがある。またそれ以外の辞書なら“辞典” cídiǎnだ。“电子辞典”のように。「事典」のことは“全书” quánshūと言う。「百科事典」は“百科全书”だ

0951 □□□ 草稿を書く ▸ ＿＿ 草稿
qǐ cǎogǎo

0952 □□□ 文章を手直しする ▸ ＿＿ 文章
xiūgǎi wénzhāng

0953 □□□ 繰り返し推敲する ▸ ＿＿ 推敲
fǎnfù tuīqiāo

0954 □□□ 句読点 ▸ ＿＿ 符号
biāodiǎn fúhào

ニュース

0955 □□□ トップニュース ▸ ＿＿ 新闻
tóuhào xīnwén

0956 □□□ ニュースソース ▸ 信息 ＿＿
xìnxī láiyuán

0957 □□□ 最新の情報 ▸ 最新 ＿＿
zuìxīn xiāoxi

メディア

0958 □□□ 新聞に載る ▸ ＿＿ 报
dēng bào

0959 □□□ 新聞を配達する ▸ ＿＿ 报纸
sòng bàozhǐ

0960 □□□ テレビチャンネル ▸ 电视 ＿＿
diànshì píndào

0951 □□□ **起 草稿**
qǐ cǎogǎo

0952 □□□ **修改 文章**
xiūgǎi wénzhāng

“改文章”gǎi wénzhāng とも

0953 □□□ **反复 推敲**
fǎnfù tuīqiāo

0954 □□□ **标点 符号**
biāodiǎn fúhào

ニュース

0955 □□□ **头号 新闻**
tóuhào xīnwén

0956 □□□ **信息 来源**
xìnxī láiyuán

0957 □□□ **最新 消息**
zuìxīn xiāoxi

0955, 0956, 0957
“新闻”はラジオやテレビ, 新聞などマスメディアによる「最新のニュース」を言う。一方“信息”は「情報, インフォメーション」, “消息”は「情報, 知らせ, 音信」だね

メディア

0958 □□□ **登 报**
dēng bào

0959 □□□ **送 报纸**
sòng bàozhǐ

0960 □□□ **电视 频道**
diànshì píndào

0959
物品をその人の手元まで届けることを“送”という。
中国では新聞を家まで配達するのは郵便局の仕事だ

No.	日本語	中国語
0961 □□□	ニュース番組 xīnwén jiémù	▶新闻 ______
0962 □□□	ゴールデンタイム huángjīn shíjiān	▶______ 时间
0963 □□□	番組を放送する bōfàng jiémù	▶______ 节目
0964 □□□	曲をリクエストする diǎnbō gēqǔ	▶______ 歌曲
0965 ☐□□	テレビをつける kāi diànshì	▶____ 电视
0966 ☐□□	テレビを消す guān diànshì	▶____ 电视
0967 □□□	ゴシップ記事 bāguà xīnwén	▶______ 新闻
0968 □□□	人の悪口を言う shuō xiánhuà	▶说 ______
0969 □□□	芸術を理解する dǒng yìshù	▶____ 艺术
0970 □□□	真偽を見分ける jiànbié zhēnwěi	▶______ 真伪

0961 □□□
新闻 节目
xīnwén jiémù

0962 □□□
黄金 时间
huángjīn shíjiān

0963 □□□
播放 节目
bōfàng jiémù
"播送节目"bōsòng jiémù とも

0964 □□□
点播 歌曲
diǎnbō gēqǔ

0965 □□□
开 电视
kāi diànshì

0966 □□□
关 电视
guān diànshì

0967 □□□
八卦 新闻
bāguà xīnwén

0968 □□□
说 闲话
shuō xiánhuà

芸術

0969 □□□
懂 艺术
dǒng yìshù

0970 □□□
鉴别 真伪
jiànbié zhēnwěi

No.	Japanese	Chinese
0971 □□□	創造性を発揮する fāhuī chuàngzàoxìng	▶ …… 创造性
0972 □□□	形式にこだわらない bùjū xíngshì	▶ …… 形式
0973 □□□	現代文学 dāngdài wénxué	▶ …… 文学
0974 □□□	ルポルタージュ bàogào wénxué	▶ …… 文学
0975 □□□	ショートショート wēixíng xiǎoshuō	▶ …… 小说
0976 □□□	民話 mínjiān gùshi	▶ …… 故事
0977 □□□	文才に富む fùyǒu wéncǎi	▶ …… 文采
0978 □□□	物語の筋書き gùshi qíngjié	▶ 故事 ……
0979 □□□	物語を語る jiǎng gùshi	▶ …… 故事
0980 □□□	ストーリーが真に迫っている qíngjié bīzhēn	▶ 情节 ……

文学

0971 □□□ 发挥 创造性
fāhuī chuàngzàoxìng

0972 □□□ 不拘 形式
bùjū xíngshì

0973 □□□ 当代 文学
dāngdài wénxué

0974 □□□ 报告 文学
bàogào wénxué

0975 □□□ 微型 小说
wēixíng xiǎoshuō

0976 □□□ 民间 故事
mínjiān gùshi

0977 □□□ 富有 文采
fùyǒu wéncǎi

0978 □□□ 故事 情节
gùshi qíngjié

0979 □□□ 讲 故事
jiǎng gùshi

0980 □□□ 情节 逼真
qíngjié bīzhēn

0973
「現代文学」のことは“当代文学”と言い，1949年の解放後の文学を指すよ。その前は“现代文学”xiàndài wénxué と言うんだ。日本とは呼び方が違うから間違わないように

0981 □□□ 原稿を校正する ▶ ＿＿原稿
jiàoduì yuángǎo

0982 □□□ 映画を撮る ▶ ＿＿电影
pāi diànyǐng

0983 □□□ 3Dアニメーション ▶ ＿＿动画
sānwéi dònghuà

0984 □□□ ビデオオンデマンド（ネットによる映像配信） ▶ 视频＿＿
shìpín diǎnbō

0985 □□□ 映画やテレビのスター ▶ ＿＿明星
yǐngshì míngxīng

0986 □□□ 悪役に扮する ▶ 演＿＿
yǎn huàidàn

0987 □□□ 京劇を歌う ▶ ＿＿京剧
chàng jīngjù

0988 □□□ 漫才をする ▶ ＿＿相声
shuō xiàngsheng

0989 □□□ ファッションショー ▶ ＿＿表演
shízhuāng biǎoyǎn

0990 □□□ 指定席に座る ▶ ＿＿入座
duìhào rùzuò

0981 □□□
校对 原稿
jiàoduì yuángǎo

0982 □□□
拍 电影
pāi diànyǐng

0983 □□□
三维 动画
sānwéi dònghuà

0984 □□□
视频 点播
shìpín diǎnbō

0985 □□□
影视 明星
yǐngshì míngxīng

0985
“影视”は“电影”+“电视”のことだ。“影视圈”yǐngshìquān と言えばさしずめ「芸能界」だ。“影视城”yǐngshìchéng は「映画村」かな

0986 □□□
演 坏蛋
yǎn huàidàn

0987 □□□
唱 京剧
chàng jīngjù

0988 □□□
说 相声
shuō xiàngsheng

0989 □□□
时装 表演
shízhuāng biǎoyǎn

“时装秀”shízhuāngxiù とも

0990 □□□
对号 入座
duìhào rùzuò

128

美術・写真

0991 □□□ 拍手をする ▸ ……巴掌
pāi bāzhang

0992 □□□ 構図を考える ▸ ……构图
shèjì gòutú

0993 □□□ 絵を描く ▸ ……画儿
huà huàr

0994 □□□ 焦点を合わせる ▸ ……焦点
duì jiāodiǎn

0995 □□□ 写真を撮る ▸ ……相
zhào//xiàng

0996 □□□ デジタルカメラ ▸ ……相机
shùmǎ xiàngjī

0997 □□□ シャッターを押す ▸ ……快门儿
àn kuàiménr

0998 □□□ 目の保養をする ▸ ……眼福
bǎo yǎnfú

音楽・舞踊

0999 □□□ 音楽を流す ▸ ……音乐
fàng yīnyuè

1000 □□□ クラシック音楽 ▸ ……音乐
gǔdiǎn yīnyuè

美術・写真

0991 □□□
拍 巴掌
pāi bāzhang

0992 □□□
设计 构图
shèjì gòutú

0993 □□□
画 画儿
huà huàr

0994 □□□
对 焦点
duì jiāodiǎn

0995 ◪□□
照相
zhào//xiàng

0996 □□□
数码 相机
shùmǎ xiàngjī

0997 □□□
按 快门儿
àn kuàiménr

0998 □□□
饱 眼福
bǎo yǎnfú

音楽・舞踊

0999 □□□
放 音乐
fàng yīnyuè

1000 □□□
古典 音乐
gǔdiǎn yīnyuè

0997
“按”は「ボタンなどを押す」こと。話し言葉では“摁”èn とも言うけど，バスの車内掲示などに書いてあるのは“请按一下纽扣”qǐng àn yíxià niǔkòu だね。パソコンで「クリックする」も“按一下”だよ

129

1001 □□□
BGM ▶ ＿＿音乐
bèijǐng yīnyuè

1002 □□□
鼻歌を歌う、ハミングする ▶ ＿歌儿
hēng gēr

1003 □□□
口笛を吹く ▶ ＿口哨儿
chuī kǒushàor

1004 □□□
歌を歌う ▶ ＿歌
chàng gē

1005 □□□
指を鳴らす ▶ ＿响指
dǎ xiǎngzhǐ

1006 ☐□□
ピアノを弾く ▶ ＿钢琴
tán gāngqín

1007 □□□
二胡を弾く ▶ ＿二胡
lā èrhú

1008 □□□
ラッパー（ラップ音楽の歌手） ▶ ＿＿歌手
shuōchàng gēshǒu

1009 □□□
ダンスをする ▶ ＿舞
tiào//wǔ

1010 □□□
伝統を発揚する ▶ ＿＿传统
fāyáng chuántǒng

1001 □□□ 背景音乐
bèijǐng yīnyuè

1002 □□□ 哼歌儿
hēng gēr

1003 □□□ 吹口哨儿
chuī kǒushàor

1004 □□□ 唱歌
chàng gē

1005 □□□ 打响指
dǎ xiǎngzhǐ

1006 ☑□□ 弹钢琴
tán gāngqín

「ギターを弾く」は“弹吉他”tán jíta

1007 □□□ 拉二胡
lā èrhú

1008 □□□ 说唱歌手
shuōchàng gēshǒu

1009 □□□ 跳舞
tiào//wǔ

1010 □□□ 发扬传统
fāyáng chuántǒng

🔊130

スポーツ

1011 □□□ 文化財 ▶历史……
lìshǐ wénwù

1012 □□□ 個人種目 ▶个人……
gèrén xiàngmù

1013 □□□ フィギアスケート ▶……滑冰
huāyàng huábīng

1014 □□□ プロスポーツ選手 ▶……运动员
zhíyè yùndòngyuán

1015 □□□ ボールを投げる ▶……球
rēng qiú

1016 □□□ ボールをパスする ▶……球
chuán qiú

1017 □□□ ゴールを守る ▶……球门
shǒu qiúmén

1018 □□□ バスケットボールをする ▶……篮球
dǎ lánqiú

1019 ☑□□ サッカーをする ▶……足球
tī zúqiú

1020 □□□ トランポリンをする ▶……蹦床
tiào bèngchuáng

1011 □□□ **历史 文物**
lìshǐ wénwù

1012 □□□ **个人 项目**
gèrén xiàngmù

1013 □□□ **花样 滑冰**
huāyàng huábīng

「シンクロナイズドスイミング」は“花样游泳”huāyàng yóuyǒng

1014 □□□ **职业 运动员**
zhíyè yùndòngyuán

1015 □□□ **扔 球**
rēng qiú

“抛球”pāo qiú とも

1016 □□□ **传 球**
chuán qiú

1017 □□□ **守 球门**
shǒu qiúmén

1018 □□□ **打 篮球**
dǎ lánqiú

1019 ☑□□ **踢 足球**
tī zúqiú

1020 □□□ **跳 蹦床**
tiào bèngchuáng

1017
“球门”はゴールには違いないけれど，「サッカーやアイスホッケーなどのゴール」を指す。「ゴールキーパー」は“守门员”shǒuményuán と言うよ

1018
スポーツをする，一番使われる動詞は“打”だ。ただしサッカーは足を使うので“踢”だ。そのほか“练气功”や“练柔道”のように“练”がある。また“滑雪”や“滑冰”，“游泳”はそのまま使うよ。これらは動詞だからだ

131

No.	日本語 / ピンイン	中国語
1021 □□□	カヤックを漕ぐ huá pítǐng	▶ ……皮艇
1022 □□□	ヨットを操縦する jiàshǐ fānchuán	▶ ……帆船
1023 □□□	マラソンをする pǎo mǎlāsōng	▶ ……马拉松
1024 □□□	気功をする liàn qìgōng	▶ ……气功
1025 □□□	太極拳をする dǎ tàijíquán	▶ ……太极拳
1026 □□□	eスポーツ diànzǐ jìngjì	▶ 电子……
1027 □□□	新記録を樹立する chuàng xīnjìlù	▶ ……新记录
1028 □□□	記録を破る dǎpò jìlù	▶ ……记录
1029 □□□	優勝を争う zhēng guànjūn	▶ ……冠军
1030 □□□	受賞する huò jiǎng	▶ ……奖

1021 □□□ **划 皮艇**
huá pítǐng

1022 □□□ **驾驶 帆船**
jiàshǐ fānchuán

1023 □□□ **跑 马拉松**
pǎo mǎlāsōng

1024 □□□ **练 气功**
liàn qìgōng

1025 □□□ **打 太极拳**
dǎ tàijíquán

1026 □□□ **电子 竞技**
diànzǐ jìngjì

略して“电竞”diànjìng とも

記録

1027 □□□ **创 新记录**
chuàng xīnjìlù

1028 □□□ **打破 记录**
dǎpò jìlù

1029 □□□ **争 冠军**
zhēng guànjūn

1030 □□□ **获 奖**
huò jiǎng

ピンイン順
索 引

A

B

D

搭	dā	曼荼羅 P040
搭 积木	dā jīmù	0494
搭 棚子	dā péngzi	0775
搭 帐篷	dā zhàngpeng	0517
搭桥	dā//qiáo	0771
打	dǎ	曼荼羅 P040
打 保票	dǎ bǎopiào	0158
打 苍蝇	dǎ cāngying	0439
打 灯笼	dǎ dēnglong	0433
打的	dǎ//dī	0788
打 点滴	dǎ diǎndī	0067
打 电话	dǎ diànhuà	0829
打 对折	dǎ duìzhé	0676
打盹儿	dǎ//dǔnr	0027
打 嗝儿	dǎ gér	0016
打 官司	dǎ guānsi	0745
打 光棍儿	dǎ guānggùnr	0112
打 哈欠	dǎ hāqian	0015
打 呼噜	dǎ hūlu	0028
打架	dǎ//jià	0303
打 交道	dǎ jiāodao	0223
打 瞌睡	dǎ kēshuì	0027
打 篮球	dǎ lánqiú	1018
打雷	dǎ//léi	0004
打 领带	dǎ lǐngdài	0377
打 满分	dǎ mǎnfēn	0912
打 毛衣	dǎ máoyī	0437
打 喷嚏	dǎ pēntì	0014
打 扑克	dǎ pūkè	0537
打气	dǎ//qì	0797
打 伞	dǎ sǎn	0449
打 水	dǎ shuǐ	0451
打 太极拳	dǎ tàijíquán	1025
打 退堂鼓	dǎ tuìtánggǔ	0209
打 先锋	dǎ xiānfēng	0146
打 响指	dǎ xiǎngzhǐ	1005
打 小报告	dǎ xiǎobàogào	0306
打 雪仗	dǎ xuězhàng	0530
打 招呼	dǎ zhāohu	0229
打 折扣	dǎ zhékòu	0679
打火机	dǎhuǒjī	曼荼羅 P125
打开 抽屉	dǎkāi chōuti	0436
打开 课本	dǎkāi kèběn	0885
打破 记录	dǎpò jìlù	1028
打扫 卫生	dǎsǎo wèishēng	0392
打听 消息	dǎting xiāoxi	0265
大批 交易	dàpī jiāoyì	0643
大提琴	dàtíqín	曼荼羅 P168
大学 毕业	dàxué bìyè	0873
大众 商品	dàzhòng shāngpǐn	0665
带 便当	dài biàndāng	0360
带 孩子	dài háizi	0409
带 盒饭	dài héfàn	0360
带路	dài//lù	0810
带 钱	dài qián	0544
带薪 休假	dàixīn xiūjià	0601
带鱼	dàiyú	曼荼羅 P167
待业 青年	dàiyè qīngnián	0554
戴	dài	曼荼羅 P039
戴 戒指	dài jièzhi	0381
戴 口罩	dài kǒuzhào	0094
戴 帽子	dài màozi	0380
戴 手表	dài shǒubiǎo	0382
戴 校徽	dài xiàohuī	0941
戴 眼镜	dài yǎnjìng	0370
单人 房间	dānrén fángjiān	0820
单身 贵族	dānshēn guìzú	0113
耽误 时间	dānwu shíjiān	0582
当 老师	dāng lǎoshī	0877
当代 文学	dāngdài wénxué	0973
当地 时间	dāngdì shíjiān	0783
荡 秋千	dàng qiūqiān	0510
倒 胃口	dǎo wèikou	0169
倒车	dǎo//chē	0794
倒 茶	dào chá	0346
倒 垃圾	dào lājī	0394
盗用 公款	dàoyòng gōngkuǎn	0735
得病	dé//bìng	0039
得 零分	dé língfēn	0914
得 满分	dé mǎnfēn	0913
登 报	dēng bào	0958
登 广告	dēng guǎnggào	0659
抵制 外货	dǐzhì wàihuò	0725
地价 飞腾	dìjià fēiténg	0698
递 名片	dì míngpiàn	0570
递 眼色	dì yǎnsè	0270
点 菜	diǎn cài	0357
点火	diǎn//huǒ	0430
点 煤气	diǎn méiqì	0332

E

F

国际 水平　guójì shuǐpíng　0849
国际 形势　guójì xíngshì　0752
国家 标准　guójiā biāozhǔn　0848
过 桥　guò qiáo　0801
过 日子　guò rìzi　0467
过 筛子　guò shāizi　0151
过 生日　guò shēngrì　0108
过 家家　guò jiājia　0497
过敏 反应　guòmǐn fǎnyìng　0043

H

哈密瓜　hāmìguā　曼荼羅 P209
喊 口号　hǎn kǒuhào　0715
好 机会　hǎo jīhuì　0177
好 主意　hǎo zhǔyi　0154
喝　hē　曼荼羅 P016
喝 粥　hē zhōu　0344
合 胃口　hé wèikǒu　0492
合股 经营　hégǔ jīngyíng　0636
合适 人选　héshì rénxuǎn　0098
和谐 社会　héxié shèhuì　0704
荷花　héhuā　曼荼羅 P126
核心 力量　héxīn lìliàng　0708
黑色 幽默　hēisè yōumò　0227
哼 歌儿　hēng gēr　1002
宏观 经济　hóngguān jīngjì　0610
哄 孩子　hǒng háizi　0403
后续 观察　hòuxù guānchá　0088
胡琴　húqin　曼荼羅 P168
互相 帮助　hùxiāng bāngzhù　0253
花 钱　huā qián　0547
花 时间　huā shíjiān　0580
花样 滑冰　huāyàng huábīng　1013
花样 游泳　huāyàng yóuyǒng　1013
划 船　huá chuán　0798
划 火柴　huá huǒchái　0428
划 皮艇　huá pítǐng　1021
滑 滑梯　huá huátī　0511
画　huà　曼荼羅 P032
画 地图　huà dìtú　0809
画 画儿　huà huàr　0993
画 十字　huà shízì　0129
怀念 过去　huáiniàn guòqù　0122
还 贷款　huán dàikuǎn　0626
还价　huán//jià　0680
换　huàn　曼荼羅 P039
换 脑筋　huàn nǎojīn　0159
换车　huàn//chē　0794
换钱　huàn//qián　0628
黄瓜　huánggua　曼荼羅 P209
黄金 书刊　huángjīn shūkān　0962
黄色 杂志　huángsè zázhì　0949
灰色 收入　huīsè shōurù　0688
挥手　huī//shǒu　0228
恢复 邦交　huīfù bāngjiāo　0750
恢复 健康　huīfù jiànkāng　0033
回 电话　huí diànhuà　0831
回 老家　huí lǎojiā　0103
回 娘家　huí niángjia　0103
回答 问题　huídá wèntí　0893
浑身 没劲　húnshēn méijìn　0038
混 日子　hùn rìzi　0468
和 面　huó miàn　0339
活期 存款　huóqī cúnkuǎn　0621
火车　huǒchē　曼荼羅 P084
获 奖　huò jiǎng　1030

J

鸡尾酒　jīwěijiǔ　曼荼羅 P210
积极 作用　jījí zuòyòng　0860
积压 商品　jīyā shāngpǐn　0675
基础 设施　jīchǔ shèshī　0767
基因 工程　jīyīn gōngchéng　0845
集团 企业　jítuán qǐyè　0632
挤 牙膏　jǐ yágāo　0090
记 笔记　jì bǐjì　0890
记 单词　jì dāncí　0906
记号笔　jìhàobǐ　曼荼羅 P083
技术 革新　jìshù géxīn　0847
技术 合作　jìshù hézuò　0645
技术 转让　jìshù zhuǎnràng　0609
系 领带　jì lǐngdài　0377
系 皮带　jì pídài　0376
系 鞋带　jì xiédài　0379
继承 家业　jìchéng jiāyè　0120
继续 努力　jìxù nǔlì　0193
寄 信　jì xìn　0837
加班　jiā//bān　0599
加塞儿　jiā//sāir　0304
加快 脚步　jiākuài jiǎobù　0802

家庭 主妇 jiātíng zhǔfù 0389
假装 糊涂 jiǎzhuāng hútu 0316
驾驶 帆船 jiàshǐ fānchuán 1022
架 桥 jià qiáo 0771
假期 结束 jiàqī jiéshù 0936
尖端 技术 jiānduān jìshù 0843
坚决 反对 jiānjué fǎnduì 0292
煎 药 jiān yào 0080
减轻 负担 jiǎnqīng fùdān 0588
剪 指甲 jiǎn zhǐjia 0093
见 效果 jiàn xiàoguǒ 0597
见过 世面 jiànguo shìmiàn 0145
鉴别 真伪 jiànbié zhēnwěi 0970
讲 道理 jiǎng dàolǐ 0282
讲 故事 jiǎng gùshi 0979
讲课 jiǎng//kè 0879
讲 礼貌 jiǎng lǐmào 0133
讲究 吃穿 jiǎngjiu chīchuān 0476
降低 成本 jiàngdī chéngběn 0678
交 红运 jiāo hóngyùn 0178
交 朋友 jiāo péngyou 0218
交 税 jiāo shuì 0730
交 作业 jiāo zuòyè 0904
交换 意见 jiāohuàn yìjian 0279
交通 方便 jiāotōng fāngbiàn 0770
交通 工具 jiāotōng gōngjù 0769
浇 花 jiāo huā 0456
叫 出租车 jiào chūzūchē 0787
校对 原稿 jiàoduì yuángǎo 0981
教师 队伍 jiàoshī duìwu 0878
接 电话 jiē diànhuà 0830
接 工作 jiē gōngzuò 0573
接 客人 jiē kèren 0234
接受 留学生 jiēshòu liúxuéshēng 0933
接受 手术 jiēshòu shǒushù 0071
接受 邀请 jiēshòu yāoqǐng 0233
揭 谜底 jiē mídǐ 0201
揭开 画皮 jiēkāi huàpí 0317
揭露 秘密 jiēlù mìmì 0258
街道 工作 jiēdào gōngzuò 0318
节省 开支 jiéshěng kāizhī 0693
结 冰 jié bīng 0007
解 领带 jiě lǐngdài 0385
戒 烟 jiè yān 0364
借 东风 jiè dōngfēng 0181
借 火 jiè huǒ 0361
金鱼 jīnyú 曼荼羅 P167
紧急 状态 jǐnjí zhuàngtài 0757
进 城 jìn chéng 0761
进货 jìn//huò 0671
鲸鱼 jīngyú 曼荼羅 P167
纠正 发音 jiūzhèng fāyīn 0897
酒精 中毒 jiǔjīng zhòngdú 0045
救火 jiù//huǒ 0749
居家 就业 jūjiā jiùyè 0566
菊花 júhuā 曼荼羅 P126
举 例子 jǔ lìzi 0280
举 手 jǔ shǒu 0888
举例 说明 jǔlì shuōmíng 0895
举行 罢工 jǔxíng bàgōng 0604
举行 婚礼 jǔxíng hūnlǐ 0118
举止 大方 jǔzhǐ dàfang 0137
卷 袖子 juǎn xiùzi 0373
撅嘴 juē//zuǐ 0294
角色 扮演 juésè bànyǎn 0487

K

卡车 kǎchē 曼荼羅 P084
开车 kāi//chē 0790
开 灯 kāi dēng 0424
开 电视 kāi diànshì 0965
开 发票 kāi fāpiào 0685
开 公司 kāi gōngsī 0639
开会 kāi//huì 0710
开 绿灯 kāi lǜdēng 0274
开 玩笑 kāi wánxiào 0225
开 药方 kāi yàofāng 0078
开 账户 kāi zhànghù 0622
砍 树 kǎn shù 0455
看 kàn 曼荼羅 P015
看 情况 kàn qíngkuàng 0726
看破 骗局 kànpò piànjú 0744
看望 病人 kànwàng bìngrén 0059
考 大学 kǎo dàxué 0871
考试 作弊 kǎoshì zuòbì 0908
烤 白薯 kǎo báishǔ 0524
烤 蛋糕 kǎo dàngāo 0480
烤 面包 kǎo miànbāo 0334
靠边儿 kào//biānr 0806
刻 图章 kè túzhāng 0483

刻苦 学习	kèkǔ xuéxí	0883
课外 读物	kèwài dúwù	0943
啃 书本	kěn shūběn	0928
啃 指甲	kěn zhǐjia	0168
空 欢喜	kōng huānxǐ	0164
空服员	kōngfúyuán	0814
空气 质量	kōngqì zhìliàng	0867
空中 乘务员	kōngzhōng chéngwùyuán	0814
空中 小姐	kōngzhōng xiǎojiě	0814
恐怖 主义	kǒngbù zhǔyì	0721
口琴	kǒuqín	曼荼羅 P168
扣	kòu	曼荼羅 P040
哭	kū	曼荼羅 P016
苦瓜	kǔguā	曼荼羅 P209
跨 年度	kuà niándù	0734
葵花	kuíhuā	曼荼羅 P126

L

拉	lā	曼荼羅 P024
拉 肚子	lā dùzi	0041
拉 二胡	lā èrhú	1007
拉钩	lā//gōu	0248
拉 关系	lā guānxi	0266
拉 后腿	lā hòutuǐ	0295
拉屎	lā//shǐ	0024
拉开 窗帘	lākāi chuānglián	0445
拉开 距离	lākāi jùlí	0807
拉上 拉锁	lāshang lāsuǒ	0375
拉 口子	lá kǒuzi	0047
喇叭花	lǎbahuā	曼荼羅 P126
蜡笔	làbǐ	曼荼羅 P083
来	lái	曼荼羅 P015
捞	lāo	曼荼羅 P040
捞 外快	lāo wàikuài	0647
劳动 人民	láodòng rénmín	0556
老 办法	lǎo bànfǎ	0470
老 地方	lǎo dìfang	0470
老 朋友	lǎo péngyou	0221
老 样子	lǎo yàngzi	0471
老酒	lǎojiǔ	曼荼羅 P210
鲤鱼	lǐyú	曼荼羅 P167
历史 文物	lìshǐ wénwù	1011
联合 声明	liánhé shēngmíng	0751
廉价 出售	liánjià chūshòu	0677
脸色 苍白	liǎnsè cāngbái	0036
练 气功	liàn qìgōng	1024
量 体温	liáng tǐwēn	0061
量 血压	liáng xuèyā	0061
聊天儿	liáo//tiānr	0224
猎头 公司	liètóu gōngsī	0562
领 工资	lǐng gōngzī	0603
领导 班子	lǐngdǎo bānzi	0575
留 胡子	liú húzi	0012
留 面子	liú miànzi	0262
留 作业	liú zuòyè	0901
流 口水	liú kǒushuǐ	0019
流水 作业	liúshuǐ zuòyè	0606
遛 狗	liù gǒu	0458
录取 名单	lùqǔ míngdān	0934
录音机	lùyīnjī	曼荼羅 P125
旅游 指南	lǚyóu zhǐnán	0824
绿色 食品	lǜsè shípǐn	0325
论文 答辩	lùnwén dábiàn	0922

M

埋头 研究	máitóu yánjiū	0921
买	mǎi	曼荼羅 P015
买方 市场	mǎifāng shìchǎng	0699
买卖 冷清	mǎimai lěngqing	0650
卖	mài	曼荼羅 P015
卖 力气	mài lìqi	0144
卖方 市场	màifāng shìchǎng	0699
卖弄 学问	màinong xuéwen	0927
毛笔	máobǐ	曼荼羅 P083
茅台酒	máotáijiǔ	曼荼羅 P210
冒充 名牌	màochōng míngpái	0315
没 出息	méi chūxi	0591
没有 关系	méiyou guānxi	0863
弥补 损失	míbǔ sǔnshī	0649
迷路	mí//lù	0811
迷失 方向	míshī fāngxiàng	0812
密切 关系	mìqiè guānxi	0268
蜜月 旅行	mìyuè lǚxíng	0119
绵花	miánhua	曼荼羅 P126
免费	miǎn//fèi	0681
勉强 答应	miǎnqiǎng dāying	0252
灭火	miè//huǒ	0431
民间 故事	mínjiān gùshi	0976
敏感 问题	mǐngǎn wèntí	0594
名牌 产品	míngpái chǎnpǐn	0664

名牌 学校 míngpái xuéxiào 0874
摸 mō 曼荼羅 P024
摸 脉搏 mō màibó 0271
摸 脑袋 mō nǎodai 0404
摩托车 mótuōchē 曼荼羅 P084
磨 泡 mó pào 0048
抹 防晒霜 mǒ fángshàishuāng 0525
抹 口红 mǒ kǒuhóng 0371
墨鱼 mòyú 曼荼羅 P167
幕后 交易 mùhòu jiāoyì 0737

N

拿 ná 曼荼羅 P024
拿 架子 ná jiàzi 0272
拿 主意 ná zhǔyi 0155
南瓜 nánguā 曼荼羅 P209
难以 忘记 nányǐ wàngjì 0163
脑力 劳动 nǎolì láodòng 0563
闹 笑话 nào xiàohua 0264
闹 意见 nào yìjian 0301
闹着 玩儿 nàozhe wánr 0226
能源 危机 néngyuán wēijī 0864
尿床 niào//chuáng 0110
捏 niē 曼荼羅 P032
捏 饺子 niē jiǎozi 0340
捏 黏土 niē niántǔ 0498
拧 脸蛋儿 níng liǎndànr 0405
拧 手巾 níng shǒujin 0390
拧 龙头 nǐng lóngtóu 0434

P

爬 pá 曼荼羅 P031
爬 山 pá shān 0489
爬 树 pá shù 0516
怕 冷 pà lěng 0035
拍 pāi 曼荼羅 P024
拍 巴掌 pāi bāzhang 0991
拍 苍蝇 pāi cāngying 0439
拍 电影 pāi diànyǐng 0982
拍 皮球 pāi píqiú 0506
拍 胸脯 pāi xiōngpú 0251
排队 pái//duì 0764
排除 万难 páichú wànnán 0728
盘腿 pán//tuǐ 0421
判 卷子 pàn juànzi 0910
抛 球 pāo qiú 1015
跑 pǎo 曼荼羅 P023
跑 马拉松 pǎo mǎlāsōng 1023
泡 网吧 pào wǎngbā 0534
泡 温泉 pào wēnquán 0823
泡澡 pào//zǎo 0095
泡沫 经济 pàomò jīngjì 0612
培养 人才 péiyǎng réncái 0560
赔 本钱 péi běnqián 0648
赔 不是 péi búshi 0241
赔 老本 péi lǎoběn 0648
赔钱 péi//qián 0546
配 零件 pèi língjiàn 0607
配 眼镜 pèi yǎnjìng 0075
配药 pèi//yào 0079
配 钥匙 pèi yàoshi 0462
配 助手 pèi zhùshǒu 0587
碰 钉子 pèng dīngzi 0243
碰 运气 pèng yùnqi 0128
批 卷子 pī juànzi 0911
披 大衣 pī dàyī 0383
披 外套 pī wàitào 0383
劈 木柴 pī mùchái 0519
皮包 公司 píbāo gōngsī 0635
啤酒 píjiǔ 曼荼羅 P210
破案 pò//àn 0742
破 规矩 pò guīju 0724
破成 零钱 pòchéng língqián 0549
铺 地毯 pū dìtǎn 0444
铺 铁路 pū tiělù 0772
葡萄酒 pútáojiǔ 曼荼羅 P210
谱 新篇 pǔ xīnpiān 0212

Q

沏 茶 qī chá 0346
骑 qí 曼荼羅 P023
骑 车 qí chē 0796
骑 独轮车 qí dúlúnchē 0514
起 草稿 qǐ cǎogǎo 0951
起名儿 qǐ//míngr 0107
起 瓶塞 qǐ píngsāi 0349
起 外号 qǐ wàihào 0219
起 疑心 qǐ yíxīn 0171
起 作用 qǐ zuòyòng 0859
起码 条件 qǐmǎ tiáojiàn 0655

R

S

省 钱 shěng qián 0542
省 时间 shěng shíjiān 0581
失去 信心 shīqù xìnxīn 0191
时差 反应 shíchā fǎnyìng 0784
时装 表演 shízhuāng biǎoyǎn 0989
时装秀 shízhuāngxiù 0989
识 时务 shí shíwù 0199
识破 骗局 shípò piànjú 0744
实现 愿望 shíxiàn yuànwàng 0185
食物 过敏 shíwù guòmǐn 0044
使 眼色 shǐ yǎnsè 0270
市场 需求 shìchǎng xūqiú 0642
视力 下降 shìlì xiàjiàng 0051
视频 点播 shìpín diǎnbō 0984
视野 狭窄 shìyě xiázhǎi 0153
收 费 shōu fèi 0681
收 考卷 shōu kǎojuàn 0909
收 礼物 shōu lǐwù 0239
收集 邮票 shōují yóupiào 0485
收拾 东西 shōushi dōngxi 0391
收拾 屋子 shōushi wūzi 0391
收音机 shōuyīnjī 曼荼羅 P125
收支 账目 shōuzhī zhàngmù 0689
手风琴 shǒufēngqín 曼荼羅 P168
手头儿 紧 shǒutóur jǐn 0550
手痒 shǒu//yǎng 0162
守 秘密 shǒu mìmì 0256
守 球门 shǒu qiúmén 1017
守 时间 shǒu shíjiān 0249
受 欢迎 shòu huānyíng 0217
受 欺骗 shòu qīpiàn 0290
受 损失 shòu sǔnshī 0695
受 委屈 shòu wěiqu 0194
售后 服务 shòuhòu fúwù 0668
梳 头发 shū tóufa 0368
属 马 shǔ mǎ 0106
数码 相机 shùmǎ xiàngjī 0996
刷卡 shuā//kǎ 0683
刷 牙 shuā yá 0091
摔 跟头 shuāi gēntou 0046
双重 国籍 shuāngchóng guójí 0702
双人 房间 shuāngrén fángjiān 0820
睡 shuì 曼荼羅 P031
睡 过头 shuì guòtóu 0442
睡 懒觉 shuì lǎnjiào 0442
说 shuō 曼荼羅 P016
说 孩子 shuō háizi 0406
说 假话 shuō jiǎhuà 0285
说 实话 shuō shíhuà 0244
说 闲话 shuō xiánhuà 0968
说 相声 shuō xiàngsheng 0988
说 心里话 shuō xīnlihuà 0246
说唱 歌手 shuōchàng gēshǒu 1008
司机 sījī 曼荼羅 P125
丝瓜 sīguā 曼荼羅 P209
思想 体系 sīxiǎng tǐxì 0703
思想 准备 sīxiǎng zhǔnbèi 0156
松 领带 sōng lǐngdài 0385
松 螺丝 sōng luósī 0608
送 报纸 sòng bàozhǐ 0959
送 货 sòng huò 0672
送 礼物 sòng lǐwù 0238
送货 上门 sònghuò shàngmén 0672
算命 suàn//mìng 0127
缩 脖子 suō bózi 0190
锁 门 suǒ mén 0448

T

抬 担架 tái dānjià 0060
贪 便宜 tān piányi 0312
贪 小便宜 tān xiǎopiányi 0312
谈 恋爱 tán liàn'ài 0115
弹 钢琴 tán gāngqín 1006
弹 吉他 tán jíta 1006
弹 烟灰 tán yānhuī 0363
探亲 tàn//qīn 0104
躺 tǎng 曼荼羅 P031
烫 酒 tàng jiǔ 0350
烫 头发 tàng tóufa 0366
掏 耳朵 tāo ěrduo 0092
掏 腰包 tāo yāobāo 0548
淘 米 táo mǐ 0331
踢 tī 曼荼羅 P023
踢 足球 tī zúqiú 1019
提 tí 曼荼羅 P024
提 篮子 tí lánzi 0450
提 意见 tí yìjian 0278
提拔 新人 tíbá xīnrén 0571
提倡 节约 tíchàng jiéyuē 0692
提高 警惕 tígāo jǐngtì 0755

W

X

洗牌 xǐ//pái 0536
洗 温泉 xǐ wēnquán 0823
洗澡 xǐ//zǎo 0095
下 xià 曼荼羅 P015
下 车 xià chē 0792
下 厨房 xià chúfáng 0323
下蛋 xià//dàn 0460
下 工夫 xià gōngfu 0192
下 馆子 xià guǎnzi 0354
下 决心 xià juéxīn 0157
下课 xià//kè 0882
下 楼 xià lóu 0804
下乡 xià//xiāng 0765
下 围棋 xià wéiqí 0486
下 象棋 xià xiàngqí 0486
下落 不明 xiàluò bùmíng 0813
下载 数据 xiàzài shùjù 0854
先进 国家 xiānjìn guójiā 0701
先进 思想 xiānjìn sīxiǎng 0147
显 身手 xiǎn shēnshǒu 0143
陷入 困境 xiànrù kùnjìng 0207
献 花圈 xiàn huāquān 0125
香槟酒 xiāngbīnjiǔ 曼荼羅 P210
想 办法 xiǎng bànfǎ 0150
想 家 xiǎng jiā 0102
削 皮 xiāo pí 0329
削 铅笔 xiāo qiānbǐ 0944
消费 贷款 xiāofèi dàikuǎn 0667
消息 灵通 xiāoxi língtōng 0260
小提琴 xiǎotíqín 曼荼羅 P168
笑 xiào 曼荼羅 P016
效率 低 xiàolǜ dī 0598
歇 xiē 曼荼羅 P031
写 xiě 曼荼羅 P032
写 作业 xiě zuòyè 0902
卸妆 xiè//zhuāng 0386
心里 难过 xīnli nánguò 0196
心里 难受 xīnli nánshòu 0196
心情 舒畅 xīnqíng shūchàng 0160
心眼儿 小 xīnyǎnr xiǎo 0140
新闻 节目 xīnwén jiémù 0961
信息 来源 xìnxī láiyuán 0956
擤 鼻涕 xǐng bítì 0017
擤 鼻子 xǐng bízi 0017
性价比 xìngjiàbǐ 0678
修 水库 xiū shuǐkù 0773
修 铁路 xiū tiělù 0772
修改 文章 xiūgǎi wénzhāng 0952
绣 小鸟 xiù xiǎoniǎo 0482
宣布 开会 xuānbù kāihuì 0711
宣读 论文 xuāndú lùnwén 0938
悬挂 吊床 xuánguà diàochuáng 0518
学生 须知 xuésheng xūzhī 0942
学术 讨论会 xuéshù tǎolùnhuì 0937
学术 争论 xuéshù zhēnglùn 0923
学习 心得 xuéxí xīndé 0931
雪花 xuěhuā 曼荼羅 P126
寻找 线索 xúnzhǎo xiànsuǒ 0200

Y

腌 咸菜 yān xiáncài 0338
眼睛 充血 yǎnjing chōngxuè 0037
演 坏蛋 yǎn huàidàn 0986
咽 唾沫 yàn tuòmo 0021
验 血型 yàn xuèxíng 0062
阳性 反应 yángxìng fǎnyìng 0064
养病 yǎng//bìng 0089
养 宠物 yǎng chǒngwù 0457
养成 习惯 yǎngchéng xíguàn 0472
腰 闪 了 yāo shǎn le 0050
摇头 yáo//tóu 0291
摇 尾巴 yáo wěiba 0459
咬 yǎo 曼荼羅 P016
咬紧 牙关 yǎojǐn yáguān 0197
业余 爱好 yèyú àihào 0473
义务 劳动 yìwù láodòng 0319
意志 薄弱 yìzhì bóruò 0141
阴性 反应 yīnxìng fǎnyìng 0064
银行 存款 yínháng cúnkuǎn 0620
银行 账号 yínháng zhànghào 0623
引进 技术 yǐnjìn jìshù 0844
引起 注意 yǐnqǐ zhùyì 0660
隐形 飞机 yǐnxíng fēijī 0754
隐形 眼镜 yǐnxíng yǎnjìng 0076
樱花 yīnghuā 曼荼羅 P126
迎 新年 yíng xīnnián 0126
影视 明星 yǐngshì míngxīng 0985
用饭 yòng//fàn 0345
用 脑子 yòng nǎozi 0149
用功 读书 yònggōng dúshū 0899

相原茂（あいはら しげる）

1948年生まれ。東京教育大学修士課程修了。中国語学，中国語教育専攻。80-82年，北京にて研修。明治大学助教授，お茶の水女子大学教授等を経て，現在中国語コミュニケーション協会代表。編著書に『Whyにこたえる はじめての 中国語の文法書〈新訂版〉』（共著，同学社），『中国語類義語辞典』『中国語学習シソーラス辞典』（共に朝日出版社）など多数。

林屋啓子（はやしや けいこ）

北京語言大学に２年半留学し、卒業後は中国語学習雑誌『中国語ジャーナル』（アルク）の編集を８年にわたって担当する。さらに、『世界一わかりやすい　中国語の授業』（相原茂著／中経出版）『基礎から学ぶ　中国語発音レッスン』（青木隆浩著／ベレ出版）など、中国語語学教材や教科書の企画、編集、校正を数多く手掛ける。著書に『「社会人」に一休み、中国留学してみれば』（文葉社）がある。

カバーデザイン　大下賢一郎
本文デザイン　小熊未央
音声吹き込み　凌慶成

選抜！中国語単語　常用フレーズ編

© 2021 年 11月 1日　　第 1 版　発行

編著者　相原 茂
　　　　林屋 啓子

発行者　原 雅久

発行所　株式会社 朝日出版社
〒101-0065 東京都千代田区西神田 3-3-5
電話 (03) 3239-0271・72 (直通)
振替口座　東京　00140-2-46008

組版　欧友社
印刷　図書印刷
http://www.asahipress.com

乱丁、落丁本はお取り替えいたします。
ISBN978-4-255-01262-9 C1087